Dieter Weigert

Der Hackesche Markt

Für Ajo

Dieter Weigert

Der Hackesche Markt

Kulturgeschichte eines Berliner Platzes

Haude & Spener

Das Buch ist entstanden in enger Zusammenarbeit mit Ralph Hoppe, Berlin, dem besonderer Dank gesagt sei.

Es ist mir ein Bedürfnis, folgenden Personen für ihre Mitarbeit zu danken: Horst Helas, Reinhold Kirsten, Rüdiger Merten, Markschieß van Trix, Gerhard Steinke, Ilona Weiß, Sabine Geßner.

Vorliegende Publikation entstand im Auftrag des „Vereins zur Vorbereitung einer Stiftung Scheunenviertel Berlin e.V."

Die Deutsche Bibliothek – CIP-Einheitsaufnahme

Weigert, Dieter
Der Hackesche Markt. Kulturgeschichte eines Berliner Platzes/Dieter Weigert. –
Berlin: Haude & Spener, 1997
ISBN 3-7759-0408-5
NE: GT

Umschlag: Uwe Friedrich, Berlin
Satz: Dieter Weigert, Berlin
Druck: Color-Druck Dorfi, Berlin
Bindung: Heinz Stein, Berlin
ISBN 3-7759-0408-5

Inhalt

9
Der Platz

11
Die Festung - Bau und Abbau

17
Namensgeber des Platzes - der Graf von Hacke

38
Von Häusern und Straßen

66
Von Brücken und Bahnen

82
Von Handel und Wandel

106
Jüdisches Leben am Hackeschen Markt

114
Leben und leben lassen

121
Ein Ort der Muße und der Musen

131
Ausblick

143
Ausgewählte Literatur

Hackescher Markt und Umgebung im Jahre 1996

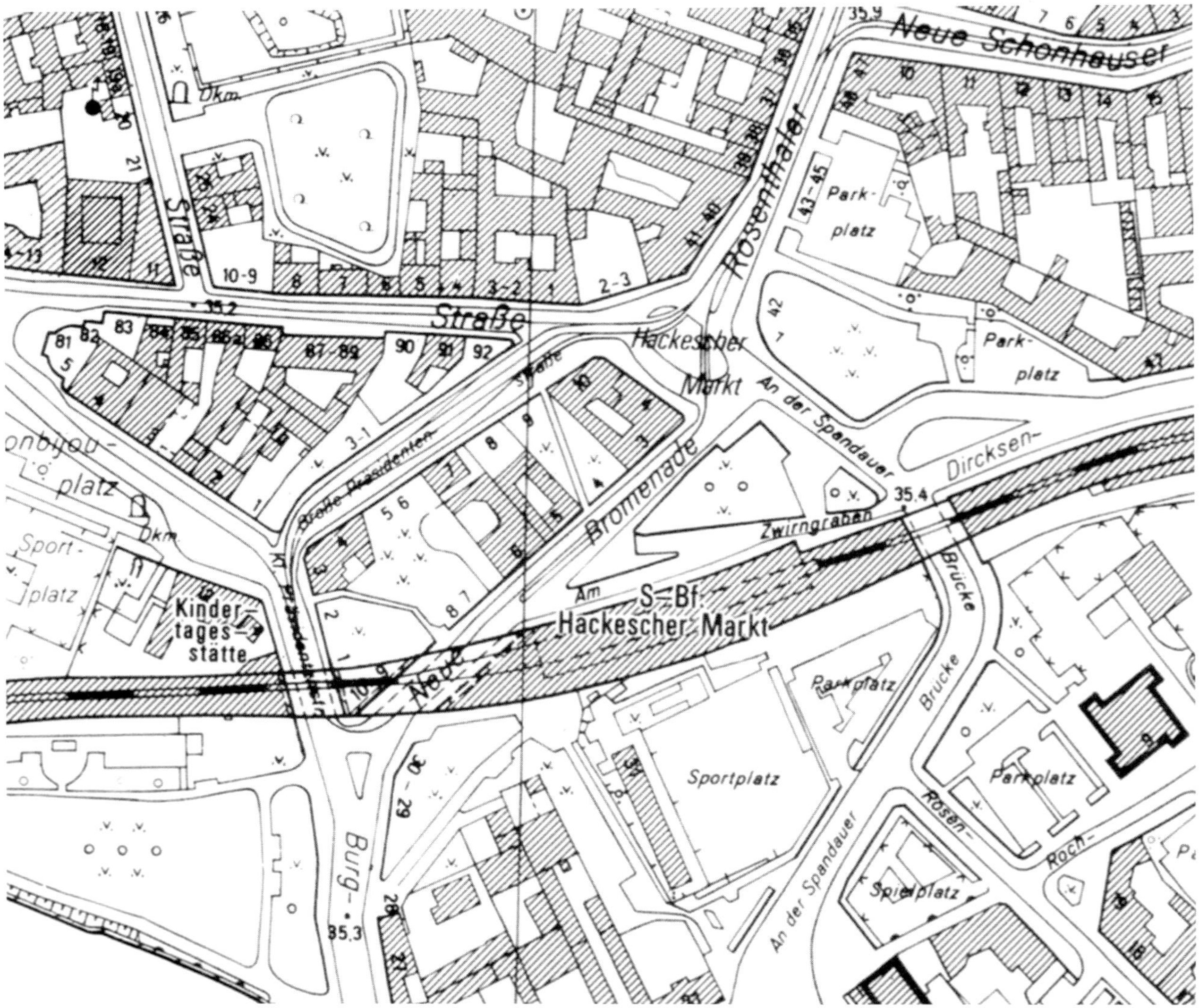

Die Spandauer Vorstadt: Ihre größte Schönheit ... erhielt sie, als König Friedrich II. 1750 die ehemalige Konterskarpe ganz mit ansehnlichen Häusern besetzen ließ, wodurch der Haakische Markt und einige ganz neue Straßen entstanden sind ... Der Haakische Markt liegt zwischen der Spandauer Brücke, der Kommendanten-, Großen Präsidenten-, Oranienburger und Rosenthaler Straße. Er ist mit ansehnlichen Häusern besetzt ... Auch ist hier ein Kraut- und Fischmarkt, Fleischscharren und verschiedene Krambuden.

Friedrich Nicolai, 1786

Was man in der Reichshauptstadt Platz nennt, das ist einfach eine größere oder kleinere Öffnung, auf die ein halbes Dutzend Straßen münden, und über die der Verkehr kreuz und quer lebensgefährlich dahinbraust ... Kein Platz ist so schlecht angelegt, kein Flußbild so öde, daß nicht die Wunder des Raumes sich offenbarten.

Karl Scheffler, 1910

Der Platz

Zwei S-Bahn-Stationen vom Alexanderplatz entfernt in Richtung Friedrichstraße liegt der Hackesche Markt, früher einer der schönsten Plätze Berlins.
Der Platz ist jung, erst vor knapp 250 Jahren entstanden. Die Bomben und Granateinschläge des Zweiten Weltkrieges haben von seiner vorigen, etwas spröden, etwas herben Schönheit nichts außer Ahnungen und Andeutungen gelassen. Der Platz hat keine Dominante, keine faßbare Form; für den unvoreingenommenen Betrachter ist er eigentlich nichts als ein unregelmäßiges Fünfeck, darstellend den Zusam-

Blick vom Roten Rathaus auf den Hackeschen Markt, Aufnahme aus dem Jahre 1965

menstoß von zwei Hauptstraßen, der Oranienburger und der Rosenthaler Straße, mit zwei schmaleren Straßen, der Großen Präsidentenstraße und der Neuen Promenade sowie mit der aus dem Zentrum kommenden Straße An der Spandauer Brücke.
In Sichtweite wird der Platz noch geprägt durch die schmale Gasse Am Zwirngraben und die Dircksenstraße, beide entlang der S-Bahn-Bögen verlaufend, durch die Kleine Präsidentenstraße und durch den Monbijouplatz, beide hinter der S-Bahn.
Der Krieg hat zwei Fassadenensembles verschont - an der Südwestseite die Häuser Hackescher Markt 4 und Große Präsidentenstraße 10 sowie an der Nordseite das Gebäude Rosenthaler Straße 41, ein Bestandteil des Komplexes Hakkesche Höfe. Und der Krieg hat uns den Bahnhof Hackescher Markt, ehemals Börse, hinterlassen, der heute die Fläche des Platzes und die verbliebenen Gebäude überragt.
Der Geschichte des Platzes am S-Bahnhof – soweit heute nachvollziehbar – wird in diesem Band nachgegangen, den Episoden aus der Geschichte der Kultur und des Gewerbes, des Alltagslebens der Bewohner und Hausbesitzer, der Militärs und der Akteure des Nachtlebens. Auch die verwickelten und sehr abenteuerlichen Lebenslinien des preußischen Offiziers Hans Christoph von Hacke, Graf von König Friedrichs II. Gnaden und Stadtkommandant von Berlin zwischen 1749 und 1754, werden verfolgt und vorgestellt.
Schloß Monbijou, die Garnisonkirche, die Spandauer und die Herkulesbrücke – Edelsteine aus dem großen Schatz der durch Umgestaltungen und Kriegszerstörungen verlorenen Barockbauten der engen und weiteren Umgebung des Hakkeschen Marktes werden in der Darstellung ihren Platz finden.
Der eigentliche Hackesche Markt soll aber stets im Mittelpunkt unserer historischen Beschreibung stehen, auch dann wenn die Konzepte, die Planungen und Modelle der sich schon heute abzeichnenden künftigen Bebauung des gesamten Gebietes jenseits und diesseits des S-Bahn-Viaduktes kritisch beleuchtet wird.

Die Festung – Bau und Abbau

Die Doppelstadt Berlin-Cölln war zweimal in ihrer Geschichte befestigt. Die erste Festung, die Festungsanlage der mittelalterlichen Stadt, läßt sich anhand der Karte des holländischen Ingenieurs Johan Gregor Memhard aus dem Jahre 1652 nachvollziehen. Eine feste Mauer, beiderseits eingefaßt durch einen nassen Graben, zog sich um die Stadt. Sie begann im Nordosten, auf der Berlinischen Seite, am Spreeufer unterhalb der heutigen Jannowitzbrücke, verlief

Johan Gregor Memhard, Grundriß Berlins und Cöllns von 1652, Ausschnitt

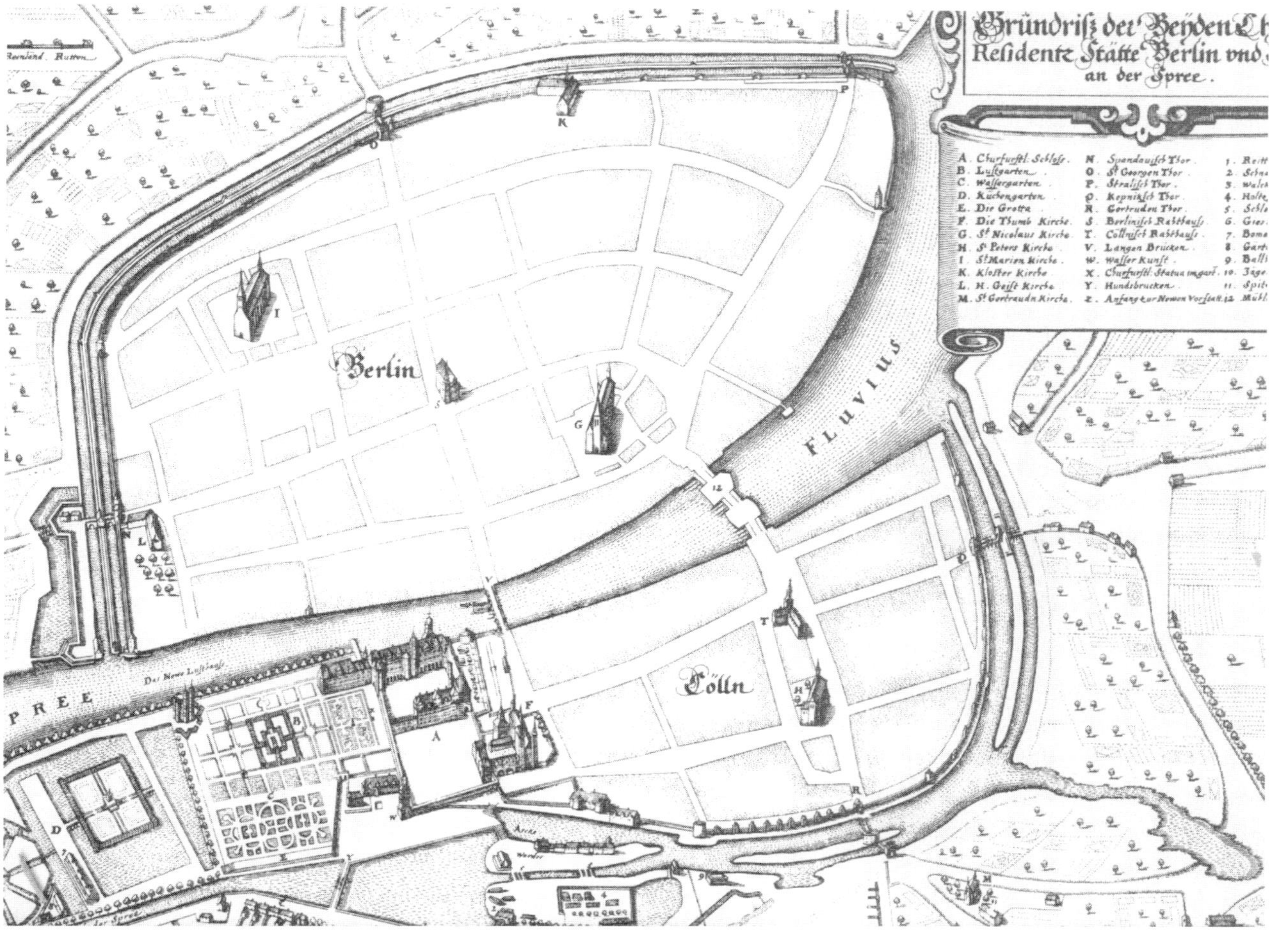

entlang der ehemaligen Neuen Friedrichstraße in einem Bogen wiederum bis zur Spree in Höhe der heutigen Friedrichsbrücke. Ein runder Turm im Hofe des ehemaligen Waisenhauses markierte den Anfang, ein rechteckiges Torhaus (Stralauer Tor) in der Nähe kontrollierte das östliche Ende der Befestigung. In regelmäßigen Abständen zeigten sich zehn halbrunde Vorsprünge, und die Endpunkte der Königsstraße und der Spandauer Straße bildeten noch zwei weitere Tore, das Georgen-, später Königstor und das Spandauer Tor. Türme standen weiterhin in der Gegend der heutigen Parochialkirche, in Höhe des heutigen Straßentunnels am Alexanderplatz, am Spandauer Tor und schließlich am Spreeufer an der Friedrichsbrücke. Für die drei Straßen-Übergänge über die nassen Gräben wurden kleine Brücken errichtet, von denen nur die in Richtung Spandau aus Stein erbaut war.

Auf der Cöllnischen Seite konnten natürliche Hindernisse in die Verteidigungsanlagen einbezogen werden. Eine von Sümpfen und kleinen Spreearmen umgebene Bodenerhebung im Gebiet um die ehemalige Petrikirche bildete den östlichen Anfang der Anlagen. Die Mauer begann an der Spree etwa dort, wo sich heute die Fischerinsel erstreckt, zog sich von da zur Gertraudenbrücke, zur Jungfernbrücke, zur Brüderstraße und von da zur Stechbahn, mündete also in die Schloßanlage in der Nähe der heutigen Schleuse an der Unteren Wasserstraße. Auch diese Mauer auf der Cöllnischen Seite, nicht ganz so regelmäßig wie die auf der Berliner Seite, war von zwei Toren durchbrochen: dem Köpenicker und dem Gertraudentor und ebenfalls mit Türmen und Verteidigungsvorsprüngen versehen. Die südwestliche Verteidigungslinie, die an der Stechbahn begann und an der Einmündung des Kupfergrabens in die Spree in Höhe der heutigen Bodebrücke endete, war identisch mit den Grenzen der kurfürstlichen Schloßanlage. Die Gesamtlänge der Mauer auf beiden Seiten der Doppelstadt betrug 560 Ruten, 360 auf Berliner, 200 auf Cöllner Seite, nach heutigem Maße etwa 2,1 Kilometer. Reste dieser mittelalterlichen Mauer finden sich heute nur noch in der Klosterstraße.

Die Karte Memhards markiert zeitlich den Beginn der zweiten historischen Phase der Befestigung Berlin-Cöllns. Memhard war Ingenieur für Festungsanlagen und entwarf im Auftrag des Großen Kurfürsten die Pläne der neuen Festung. Die neue Befestigung sowie ein stehendes Heer waren aus der Sicht des Brandenburger Kurfürsten nach den Schrecken des Dreißigjährigen Krieges notwendig geworden, um die Residenz und vor allem die sich darin ausdehnenden zentralisierten staatlichen Behörden und Einrichtungen Brandenburgs wirksam schützen zu können.

Die neue Anlage wurde außerhalb der bestehenden alten Mauern und Gräben angelegt und entsprach dem neuesten Stand der Fortifikationstechnik, entwickelt von holländischen Baumeistern. Der Beginn der Bauarbeiten lag in den Jahren 1656/57, zeitgleich mit der Errichtung einer ersten Einheit der Garnison, einer ständigen, vom Geldbeutel und dem guten Willen der städtischen Bürgerschaft unabhängigen Militärwache auf dem Molkenmarkt.

Der Kurfürst entwarf persönlich die Grundzüge der Festung, Feldmarschall Sparr lieferte militärischen Rat und Memhard die Zeichnungen. Theoretische Grundlage des Planes war das Werk „Heutiges tages Uebliche Krieges Bau-kunst" von Matthias Dögen aus dem Jahre 1648, an dem er in Holland zehn Jahre gearbeitet hatte. Das Konzept der Festungsanlage sah ein Polygon auf einem fast kreisförmigen Grundriß vor, auf der Berliner Seite fünf Bastionen und auf der Cöllnischen Seite acht Bastionen einschließend.

Der erste Spatenstich erfolgte in Anwesenheit des Kurfürsten im August 1658 am Stralauer Tor. Unter Leitung Memhards arbeitete ein holländisches Ingenieurteam: Tielemann Jungblut, Johann ten Verhuys, Heinrich Ruse, Heinrich Wallmann, W.M. Smidts. Zu den Schanzarbeiten waren Soldaten, Bürger, Bauern und auch des Kurfürsten Dienerschaft abgestellt. Diese buntschillernde Truppe wurde vom General-Wachtmeister Heinrich von Uffeln kommandiert, nach dem eine der 13 Bastionen später benannt wurde. Die Arbeiten auf der Berliner Seite gingen zügig

Berlin mit den Festungswerken; aus:
Schleuen, Karte von Berlin 1757

SPREE
FLUSS
Saltzhaus
Stralauer
Strasse
Kloster
Closter Kirche
S. Georgen Thor
Mühlendamm
Brücke
Strasse Lange
Rathhaus
Dohm Kirche
Churf. Schloss
Hunde Brücke
FRIDRICHS
WER
DER
Leipziger Str.
Wall Str.
Jäger hof
Churf. Marstall
DOROT
Die neue
H. Geist Kirch u. Hospital
Vorwerk der Churfür
Klärung der
ffern des Klei
nen Prospects
das Churfürstl.
chloss. 2 der alte
Müntz Thurm. 3 der
neue Müntz Thurm, welcher
uf die Stelle des alten erbauet
er, weil das Fundament nicht
tark genug, wieder abgebrochen
orden. 4. das Ballhaus. 5. der
ustgarten. 6. die Grotte. 7. die
ibliothec und Hoff Apotheck
die Dohm-Kirche. 9. die Häu
ser auf der Freiheit. 10. Stechbahn

voran; schon 1662 konnten die neuen Wälle bemannt und die nassen Gräben der alten Anlage verschüttet werden. Besondere Schwierigkeiten hatte den Ingenieuren der lose und nasse Baugrund am Spandauer Tor bereitet, es mußten Pfähle für die Befestigung des Baugrundes eingerammt werden.

Auf der Cöllnischen Seite begannen die Arbeiten im Jahre 1662. Da die Bodenverhältnisse hier schlechter waren, zogen sich die Arbeiten länger hin, mehrfach unterbrochen durch Überschwemmungen. 1674 war der Festungsbau soweit fertiggestellt, daß die in der Mark Brandenburg operierenden Schweden keinen Angriff auf die Residenz

J.F. Walther, Zerstörungen durch die Explosion des Pulverturms in der Wallstraße, im Hintergrund die Wälle der Festungsanlage mit Wachtposten und Maulbeerbäumen

Berlin wagten. Letzte Arbeiten erfolgten bis ins Jahr 1683, dem Jahr der Fertigstellung des Leipziger Tores, dem schönsten der Anlage.
Die Numerierung der 13 durch sogenannte Courtinen verbundenen Bastionen begann am Gießhaus (heute hinter dem Zeughaus) und verlief entgegen dem Uhrzeigersinn, so daß Bastion Nr. 13 sich auf der Spreeinsel, etwa in Höhe der Alten Nationalgalerie, befand. Diese Bastion erhielt daher den Namen „Bollwerk im Lustgarten", während Bastion Nr. 12 den Namen des ersten Kommandanten von Uffeln trug. Sie befand sich dort, wo später die alte Garnisonkirche stand und heute die Kreuzung Spandauer/Burgstraße verläuft. Bastion 11 hieß „Dragoner-Bollwerk". Ihr Standort war etwa die Kreuzung Dircksen-/Max-Beer-Straße, der ehemaligen Dragonerstraße, also unmittelbar an der späteren S-Bahn-Trasse. Zwischen den Bastionen 11 und 10 befand sich das Mehlmagazin, auch Proviantmagazin genannt, beiderseits der Bastion 12 waren Brücken über den außerhalb der Anlage verlaufenden Flutgraben errichtet. Das Terrain, auf dem später der Hackesche Markt entstand, liegt also zwischen den Bastionen 11 und 12 in nordwestlicher Richtung. Der Straßenverlauf des Zwirngrabens kennzeichnet heute noch das Bett des Flutgrabens, der den äußeren Abschluß der Festungsanlage bildete.
Die neue Fortifikation bestimmte nun das Leben der Stadt und der Vorstädte. Die Bürger Berlins und Cöllns hatten einige ihrer Freiheiten verloren, und die Bewohner der urspünglichen Siedlungen unmittelbar vor der Stadt mußten nun etwa 80 bis 100 Meter nach außen rücken. Die Stadt gewann fast ein Viertel des bisherigen Territoriums hinzu, insbesondere auf der Cöllnischen Seite.
Innerhalb der Festungswälle wurden die bisherigen Gräben verschüttet, die alten Mauern schrittweise umbaut, insbesondere mit sogenannten Baracken und Wohnhäusern. Wir haben ein mehr zufälliges Zeugnis der Situation unmittelbar hinter den Festungswällen in einer Zeichnung aus dem Jahre

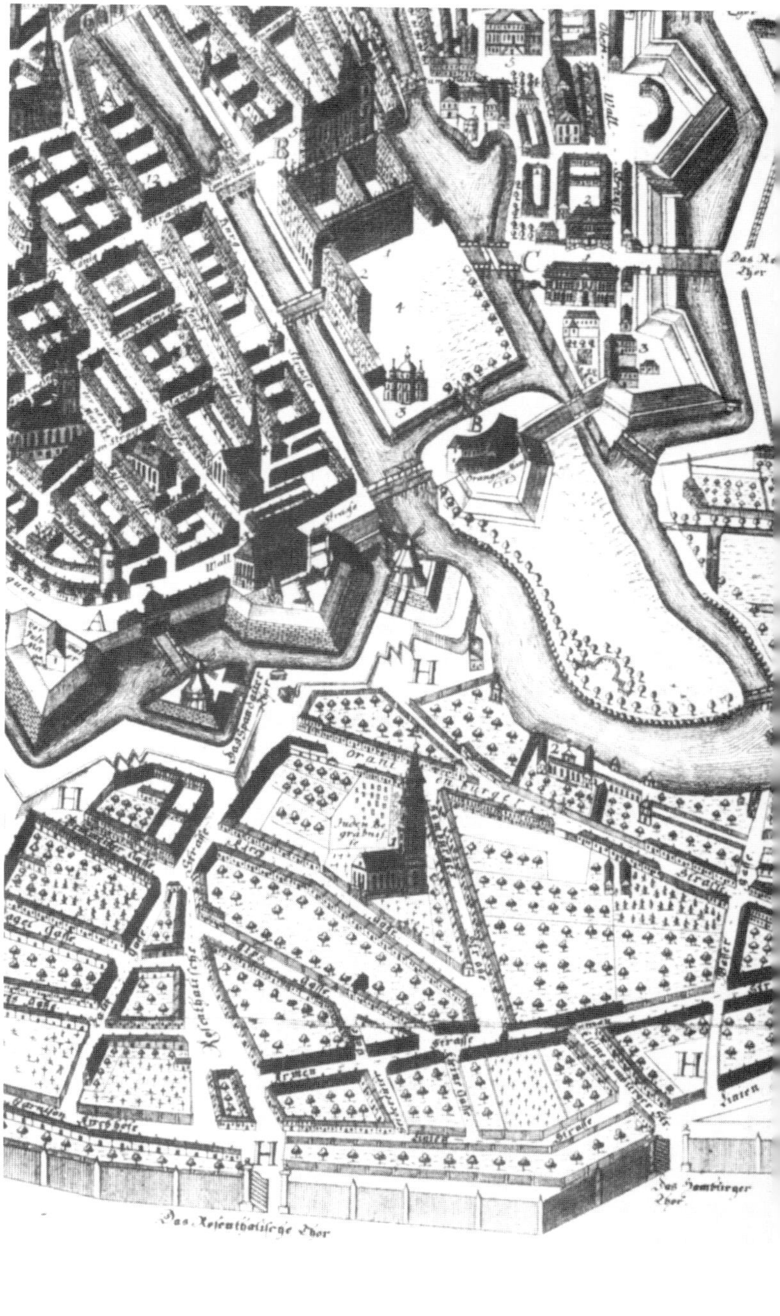

J.F. Walther, Gebiet um das Spandauer Tor, 1737/38

1720. Johann Friedrich Walther, Organist an der Garnisonkirche und Lehrer an der Garnisonschule, war der Zeichner, der Anlaß war die Explosion des mittelalterlichen Pulverturms in der Nähe der Kirche am 12. August 1720, vormittags 10.15 Uhr. Walther als Zeitzeuge zeichnet nicht nur die zerstörten Gebäude und die Steinbrocken auf der Straße, er zeichnet auch die hohen Wälle der Festungsanlage mit ihren Bäumen auf der Krone, den Wachtposten vor dem Schilderhaus und auch eine Windmühle auf der Bastion hinter der Kirche.

Vor den Zerstörungen des Zweiten Weltkrieges waren an manchen Häusern der damaligen Neuen Friedrichstraße Reste der mittelalterlichen Stadtmauer als Teile der rückwärtigen Mauern noch zu erkennen.

Außerhalb der Wälle paßten sich neue Wege dem Verlauf der Böschungen an, und durch Weisungen der Stadtkommandanten wurden die Verbindungsstraßen zwischen den neu entstandenen Stadttoren und den Städten und Dörfern in der nächsten Umgebung der Residenz in den Vorstädten planmäßig angelegt und vermessen. General von Barfuß veranlaßte diese Maßnahmen für das Gebiet vor dem Spandauer Tor im Jahre 1699 und setzte damit das historische Datum für die offizielle Entstehung der Spandauer Vorstadt. Die Karte von 1737/38, ebenfalls gezeichnet von Johann Friedrich Walther, zeigt das Spandauer Tor, die Spandauer Brücke und von links nach rechts die Bastionen 10, 11 und 12. Im Gelände der Bastion 12 sind sehr gut die Garnisonkirche, die Garnisonschule und das Haus des Feldpropstes, innerhalb von Bastion 11 das Pulvermagazin, innerhalb von Bastion 10 die Kommandantur und zwischen den Bastionen 10 und 11 das Proviantmagazin zu erkennen. Die alte Stadtmauer ist mit den sogenannten Baraquen umbaut; noch steht einer der alten mittelalterlichen Pulvertürme innerhalb der Festungsanlage in der Nähe des Spandauer Tores. Den heutigen Hackeschen Markt muß man sich dort vorstellen, wo sich auf der Karte ein vorgelagertes Werk, ein Ravelin, mit der Windmühle befindet, also in der Verlängerung der Rosenthaler und der Oranienburger Straße, die auf der Karte von unten bzw. von rechts auf das Spandauer Tor zulaufen. Es ist zu berücksichtigen, daß die Karte noch nicht genordet ist. Die „Kirchgasse" heißt heute Sophienstraße und die „Nagelgasse" Steinstraße.

Das weitere Schicksal der Festungsanlage um die 1705 vereinigte königliche Residenzstadt Berlin ist widersprüchlich. Militärisch verloren die Anlagen angesichts der Entwicklung der Artillerie und militärpolitisch aufgrund der Zurückdrängung der schwedischen und polnischen Bedrohungspotentiale zunehmend an Bedeutung. Schrittweise wurden einzelne Bereiche der Anlage der Stadtentwicklung geopfert. Dennoch wurden unter König Friedrich I. und auch noch unter König Friedrich Wilhelm I. die verbliebenen Anlagen instandgehalten, sie blieben armiert und ein strenger Festungsdienst wurde beibehalten.

König Friedrich II. hatte keine hohe Meinung von der Berliner Festungsanlage: „Die Werke ... sind schlecht gebaut, haben lange Courtinen und Bastionen mit platten Seiten, der Art, daß sie keine Deckung geben."

Friedrich war es, der den endgültigen Abriß der Festung in Auftrag gab und damit der Stadtentwicklung freien Raum gewährte. Nach alter brandenburgisch-preußischer Tradition wurde der Stadtkommandant von Berlin mit der Oberaufsicht dieser Arbeiten beauftragt. Und dieser Kommandant hieß von Hacke, vom König zum Grafen gemacht, Träger des Ordens Pour le Mérite und schließlich Namensgeber des Platzes, der nach dem Abtragen der Festungsanlage jenseits der Spandauer Brücke angelegt wurde.

Namensgeber des Platzes – der Graf von Hacke

Hans Christoph Friedrich von Hacke wurde 1699, im letzten Jahr des Jahrhunderts geboren, das den Dreißigjährigen Krieg, die englische Revolution mit der Hinrichtung von König Karl I. und den Aufstieg Frankreichs zur europäischen Großmacht unter dem Sonnenkönig Ludwig XIV. gebracht hatte.

Die Landschaft, aus der Hacke kam, das Fürstentum Anhalt, und die Landschaft, der er sein ganzes Leben als Soldat widmete, Brandenburg, hatten viel Gemeinsames. Nicht nur die Plünderungen, Verwüstungen und Entvölkerungen ganzer Landstriche in den Jahrhundertkriegen vor der Geburt Hackes, auch die Beziehungen der Fürstenhäuser waren eng und von gemeinsamen Traditionen geprägt. So das freundschaftliche Verhältnis zwischen dem Soldatenkönig Friedrich Wilhelm I. von Preußen zum Fürsten Leopold von Anhalt-Dessau.

Geburtsort des Herrn von Hacke war die Stadt Staßfurt – gelegen im Saalkreis zwischen Halle und Magdeburg und gegründet auf Salz. Die Anhaltiner Linie der Familie von Hacke führt ihre lange Ahnenreihe bis ins 13. Jahrhundert zurück, als die Grafen von Wettin auf ihrer befestigten Burg auf dem Porphyrfelsen über der Saale Fluren, Dörfer samt der zugehörigen Bauern und Knechte als Lehen vergeben konnten.

Ein Graf Ulrich zu Wettin hatte im Jahre 1204 einen Dietrich (oder in latinisierter Form Tidricus) I. Hacke, Burgmann zu Wettin, als Zeugen eine Urkunde unterschreiben lassen, in der die Übergabe einer Wiese im nahegelegenen Dorf Kattau beglaubigt wird. Die Hackes waren durch den Burggrafen von Wettin mit den Dörfern Krosigk und Gutenberg belehnt worden, gelegen in der Nähe der Stiftskirche auf dem Petersberg, dem geistlichen Zentrum des Gebietes, und auch in der Gegenwart noch bestehend. In der Dorfkirche zu Gutenberg ist heute noch ein Leichenstein eines Albrecht von Hacke aus dem Jahre 1565 zu sehen.

Die Familie von Hacke verliert Anfang des 17. Jahrhunderts ihre Güter und versucht ihr Glück in Sachsen, zwei Brüder werden Offiziere im Dreißigjährigen Krieg und lassen sich im Jahre 1634 in Staßfurt nieder – wahrscheinlich mit etwas Kleingeld aus den Regimentskassen.

Sie kaufen sich in die Salzquellen ein und werden reich – der eine, ehemaliger Oberstleutnant im kaiserlich Liechtensteinschen Regiment, Hans Friedrich, heiratet und stirbt sehr früh. Der andere Bruder, Hans Christoph, war Hauptmann im Sächsischen Boseschen Regiment gewesen, hatte also auf der gegnerischen Seite gekämpft. Er ist der Urgroßvater unseres Hacke. Er bringt es in wenigen Jahren zum „Erbherrn auf Staßfurt", Mitglied des Rates, Stadtkämmerer und Stadtvoigt.

Die Staßfurter Geschäfte ließen sich gut an. Die Salzproduktion in Staßfurt geht bis ins 12. Jahrhundert zurück. Die Sole wurde aus einem über 60 Meter tiefen Brunnen mit großen Eimern durch die Kraft von jeweils zwei Pferden gefördert. Die Technik des Pferdegöpels, die sogenannte „Roßkunst", blieb bis zur Einstellung der Salzgewinnung im Jahre 1857 in Betrieb.

Über hölzerne Rinnen floß die Sole direkt in die einzelnen Siedehütten, von denen zu Beginn des 16. Jahrhunderts etwa 30 in der Saline Staßfurt bestanden. Die historischen Quellen sprechen von einer maximalen Jahresproduktion von etwa 1.600 Tonnen. Das Salz wurde nach Thüringen, Franken und Hessen exportiert.

Ende des 17. Jahrhunderts begann der Niedergang der Staßfurter Saline, da die adligen und bürgerlichen Salinenbesitzer die hohen Finanzmittel für die notwendige technische Umgestaltung der Salzquellen nicht aufbringen konnten. Importschranken durch Brandenburg, später Preußen, durch die Wernigeroder Grafen und durch die Markgrafen von Bayreuth ruinierten Staßfurt. Es ist also naheliegend, daß der Urenkel des aus dem Dreißigjährigen Kriege heimkehrenden ehemals sächsischen Hauptmanns von Hacke 80 Jahre später ins Brandenburgische zur Armee geschickt wurde, da in der Heimat für den Sechzehnjährigen keine Karriere zu machen war.

Ein junger Hüne

1715, im Jahre II der Herrschaft des preußischen Königs Friedrich Wilhelm I., trat ein junger Soldat von nicht geringer Körperlänge in das Königliche Regiment von Kalckstein ein, das in Potsdam in Garnison lag und als „Königsregiment Nr. 6" in den Listen geführt wurde.

Hans Christoph II., Vater des späteren Grafen von Hacke

Es war das Regiment der „Langen Kerls". Der junge Soldat war groß, aber kein Riese – 6 Fuß, 1 Zoll – an heutigen Meßlatten etwa 1,91 Meter. Da der junge Soldat adliger Herkunft war, wenn auch nur von armen Staßfurter Salzadel, wurde er Fahnenjunker, also Offiziersanwärter. Die Einstellung des jungen Hacke in das berühmte Regiment der Langen Kerls hatte der strebsame Junker einem Zufall zu verdanken: Eigentlich sollte einer aus der anderen Linie der verzweigten Hackeschen Familie, aus dem märkischen, nicht aus dem anhaltinischen Zweig, vor dem König erscheinen und sich um die Stelle im Königsregiment bewerben. Unser Hacke war der falsche. Aber er hatte das Herz auf dem rechten Fleck und verstand es, sich dem Monarchen als der Bessere und Geeignetere anzubieten. Der König nahm ihn und sollte es nicht bereuen.

Der zu seiner Zeit als intimer Kenner der europäischen Höfe geltende Professor Salomon Jacob Morgenstern, Mitglied des Tabakskollegiums Friedrich Wilhelms I., schildert den Beginn der Karriere unseres Hacke:

„... diejenigen, die durch genaue Aufmerksamkeit auf des Herrn Wort und Wink sich dessen Gunst zugezogen: welches, maßen man von keiner anderen Sorte Günstlingen weiß, niemanden besser geglücket, als dem Graf von Hack. Er stand als Junker bey Kalckstein nebst noch einem seines Namens, welcher zwischen Berlin und Potsdam ansäßig war. Da jener zwar ein Rechter des uralten wohl ächten Raths-Adels zu Salza im Magdeburgischen, aber ohne Salzkothen, Vorwerker, Landgüter und Geld, jedoch mit einer natürlichen Unschuld an Kenntnissen, Einfällen und Sitten ausgestattet war. Als der König diesem Regiment einst mündlich befahl: sie sollten ihm den Junker Hack nach Potsdam schicken; um den Märker zu behalten, wird der Salz-Junker geschikt. Da der König ihn bey der Ankunft als den unrechten zurückschicken will, bittet er treuherzig. Behalten Sie mich nur, ich will fleißig aufpassen! und da es sich der König gefallen ließ, fand Hack, als er das erstemal auf Ordonanz befehlicht war dadurch Gelegenheit, sein Wort gültig zu machen, daß er beym Aufstehen vom König schon in der Vorkammer bemerkt wurde, wo er mit Anbruch des Tages bereits hingegangen, um ja nichts zu versäumen. Sobald er auch inne geworden, daß die Ordonanzen bisweilen Befehl erhielten, unbändige Zudringer mit der Fläche des Säbels wegzuscheuchen, so legte er bereits die Hand an denselben, sobald er sahe, daß ein großer Haufen Miene machte, den König anzutreten; behielt es auch bey, als er Offizier und darauf Adjutant des ersten Bataillons geworden. Wie er denn in der Attitude, die Augen auf des Königs Auge und Mund gerichtet und die Hand am Griffe, in Kupfer gestochen worden."

Der Adjutant

„Günstlinge", „intime Vertraute", „engste persönliche Ratgeber" – das waren die von Neid oder von Furcht gefärbten Etiketten für die wichtigsten Personen in unmittelbarer Nähe des Monarchen aus den Reihen der Offiziere – die Generaladjutanten. Sie hatten Macht und unermeßlichen Einfluß, aber sie waren 24 Stunden am Tag im Dienst, sie hatten kein Privatleben.

König Friedrich Wilhelm I. formte diesen Offizierstyp, er verlieh den Militärs aus seiner engsten Umgebung soviel Prestige, daß sogar die Wachen vor der Person des Generaladjutanten ins Gewehr zu treten hatten – wie vor der Majestät selbst. Der Soldatenkönig hatte sich nach seiner Person – oder besser als Ergänzung seiner Person die Offiziere seiner unmittelbaren Umgebung ausgewählt.

Johann Christoph Friedrich von Hacke wurde einer der „Günstlinge" der Majestät. Die Nähe des Königs seit der Fähnrichszeit, die bewundernswerte Körpergröße, die Mischung von Diensteifer, Anpassungsfähigkeit und wahrscheinlich auch Entscheidungsfreude in der Person dieses jungen anhaltinischen Offiziers brachten den Soldatenkönig Anfang 1738 zu der Entscheidung, ihn anderen Bewerbern mit wohlklingenderen Namen, mit Schlachtenruhm oder Familienbeziehungen vorzuziehen.

Hacke hat Friedrich Wilhelm I. und auch seinem Nachfolger in keiner Situation Anlaß gegeben, diese Entscheidung zu bereuen. Er war zur Zeit der offiziellen Ernennung Stabshauptmann und Kompaniechef, hatte die Stationen der militärischen Karriere bis dahin in höchstem Tempo durchlaufen: mit 18 Jahren Fähnrich, mit 20 Leutnant, mit 26 Premierleutnant, mit 29 Stabshauptmann, mit 32 Jahren Hofjägermeister und schließlich mit 38 Generaladjutant.

Vorrangig war er zuständig für die Leibgarde der Majestäten, also für den gesamten Hof, für Berlin, Potsdam und Wusterhausen. Er hatte für die reibungslose und schnelle Beförderung der Depeschen zu sorgen, war Empfänger aller Meldungen über Vorgänge im Heer, über den Personalstand, über personelle Veränderungen im Offizierskorps. Sein Einfluß auf die königlichen Entscheidungen in Personalfragen auf allen Ebenen der militärischen Hierarchie war erheblich.

Hacke hatte schon in den Jahren vor der offiziellen Ernennung zum Generaladjutanten neben der Routine der täglichen Aufgaben auch besondere Befehle zu erfüllen: zum Beispiel zur Unterhaltung von Staatsgästen beizutragen.

So kommt im April des Jahres 1735 König Stanislaw von Polen nach Berlin, steigt im Palast seines Ministers Marquis de la Chétardie ab und läßt König Friedrich Wilhelm seine Ankunft melden. Wen schickt der König seinem polnischen „Bruder", um zur Ankunft Glück zu wünschen und um die Pläne für die nächsten Tage abzusprechen – den Adjutanten und engen Vertrauten von Hacke.

Die Begegnung verlief für die polnische Majestät voller Überraschungen. Hauptmann von Hacke war zwar vieler militärischer Dinge mächtig, nicht aber der an den Höfen des 18. Jahrhunderts verwendeten Fremdsprachen, nicht des Französischen, nicht des Italienischen oder gar des Polnischen. Nach einer sehr, sehr langen Pause des Schweigens rief man einen Bedienten des Marquis, der natürlich französisch und deutsch sprach und als Dolmetscher fungierte.

Am 1. Mai reiste König Stanislaw aus Berlin ab und machte Station in Potsdam. Wiederum mußte Hauptmann Hacke für die honneurs sorgen, für die Zeremonien, die Vergnügungen des hohen Gastes und für Speise und Trank. Also ritten er und der Oberküchenmeister von Holwede dem König voraus ins Potsdamer Schloß und bereiteten für den Gast alles vor. Peinlich nur, daß Hacke auch von diesen Dingen nichts verstand und abhängig war von den Ratschlägen des Küchenmeisters, der das Hofzeremoniell noch weniger beherrschte.

Hauptmann von Hacke

Überliefert ist eine Anekdote, zu welchen Verwirrungen Hackes Einmischung in höfische Angelegenheiten führte: Man beratschlagte sich und kam zu der Entscheidung, dem königlichen Gast die höchste Ehre zu erweisen, die man sich vorstellen konnte – er solle auf dem Stuhl des Hausherrn Platz nehmen. Alle Könige der Welt könnten sich nach Meinung Hackes glücklich schätzen, auf einem Stuhl der preußischen Majestät sitzen zu dürfen. Stanislaw staunte beim feierlichen Einzug in den Speisesaal nicht schlecht über das Angebot, denn es war ja der hölzerne Stuhl des sparsamen Preußen und nicht ein ihm zukommender Prunksessel, den sein königlicher Hintern beehren sollte.
Es half kein Hinstreben und auch kein wortloses Hindeuten auf die anderen, weicheren Sitzgelegenheiten an der langen Tafel – Hacke und der Küchenmeister nahmen die polnische Majestät in ihre Mitte und zwangen sie auf den Ehrenplatz neben den preußischen soldatischen „Bruder".
Zurück zu den militärischen Angelegenheiten: Hauptmann von Hacke zieht bereits vor seiner offiziellen Ernennung an der Seite seines Königs in den Feldzug am Oberrhein von 1734.
Der seit 1726 gültige Feldetat sah in solchen Situationen drei Adjutanten in der Nähe des Königs vor. Daher begleiteten im Jahre 1734 Hauptmann von Hacke, Hauptmann Leopold Alexander von Wartensleben und Leutnant Hans Karl von Winterfeldt als Adjutanten den König zur Reichsarmee an den Oberrhein. (Diese drei Offiziere wurden als Adjutanten durch den König auch bei den Mobilmachungsbefehlen von 1738 bestimmt.) Am 29. Juni 1734 reisen Kronprinz Friedrich und sein Gefolge, unter ihnen die königlichen Adjutanten, von Berlin ab – über Dessau, Halle, Merseburg, Gera, Hof, ebenso durch Anhalt, Thüringen und Franken. Am 7. Juli ist Ankunft im Lager beim Glasenappschen Regiment, man wird begrüßt durch General Röder, der das Oberkommando der Preußen hat. Man trifft den berühmten und nun schon hochbetagten Prinz Eugen von Savoyen, den Oberbefehlshaber der kaiserlichen Truppen. Am 13. Juli kommt der König ins Lager, der Kronprinz erwähnt in seinem Tagebuch Hacke und die anderen Adjutanten des Königs nicht.

Auch vor diesem Feldzug erfüllt Hacke schon Adjutantenaufgaben. Im Sommer 1732 begleitet Hauptmann von Hakke von der Potsdamer Garde den König auf der Reise nach Böhmen. Die Abreise erfolgt am Sonntag, dem 27. Juli 1732 aus Berlin mit militärischem Gefolge. Die erste Nacht verbringt die Reisegesellschaft in Grünberg (Schlesien), dann in Liegnitz; über die Festung Glatz erreicht man Jaromierz in Böhmen. Endlich kommt es in Chlumetz am 30. Juli 1732

Stuhl Friedrich Wilhelms I. aus der Garnisonkirche Berlin

zum Treffen mit Kaiser Karl und der Kaiserin. Adjutant Hacke darf an der großen Festtafel Platz nehmen, allerdings vorerst nur am unteren Ende.
Daß der Königliche Hauptmann Hans Christian von Hacke am 4. Januar 1732 zum Hof-Jägermeister ernannt wird, erscheint im Nachhinein hauptsächlich als ein Schritt des Königs, den unbemittelten Günstling finanziell abzusichern und ihn enger an den Hof zu binden. Denn es gab ja schon einen Ober-Jägermeister, der die Hauptverantwortung für die Jagdreviere, für die Veranstaltung der königlichen Jagden, für das Personal und die Rechtsprechung trug – den Herrn von Schlieben, erst mit großem Pomp im Jahre 1730 eingesetzt. Schlieben war zwar schon seit 1716 in der Funktion des Hof-Jägermeisters tätig, aber die Verwaltungsreformen des Soldatenkönigs brachten auch in diesen Bereich des Staates und des Hofes neue Strukturen, so daß eine Cabinetsordre am 31. Januar 1730 erlassen werden mußte, die die Stelle des Oberjägermeisters und die Aufgabenbereiche neu definierte. Ein Eid vor dem Generaldirektorium gehörte zu den Neuerungen.
Hauptmann von Hacke wurde durch Cabinetsordre an das Generaldirektorium vom 28. Dezember 1731 zum Hof-Jägermeister bestellt. Der König hatte handschriftlich an den Rand des Befehls am 9. Januar 1732 vermerkt: „in Ge Di Hacke als hof Jege auch in Ge Directo F.W.". Die Vereidigung findet im Generaldirektorium am 11. März 1732 statt.

Eine verhinderte Heirat

Das Jahr 1732 bringt einen weiteren entscheidenden Einschnitt in das Leben des Offiziers von Hacke. Sein König verlangt von ihm ein Opfer – ein Frauenopfer.
Auf allerhöchste Ordre soll er heiraten. Der König selbst tritt als Brautwerber auf. Nicht eine Dame eigener Wahl, sondern ein adliges Fräulein, um das Wohl des Staates willen. Der Vater hatte einen Schwiegersohn aus Sachsen ausgesucht – König Friedrich Wilhelm verweigert die Zustimmung: kein Stück preußischen Eigentums sollte nach Sachsen wechseln. Der zur Heirat vergatterte von Hacke ist überrascht, zögerlich, die vorgesehene Braut sträubt sich mit Händen und Füßen, die Mutter kniet vor dem König und bittet um Verständnis für die Wünsche der Familie, der Vater der Braut trifft sich heimlich mit unserem Hacke und verspricht ihm die für damalige Verhältnisse beträchtliche Summe von 25.000 Talern für den Verzicht, der zugleich eine Befehlsverweigerung gegenüber dem König wäre.
Hauptmann von Hacke bedenkt sich kurz – dann verabschiedet er den künftigen Schwiegervater mit den Worten: Herr Geheimer Rat, ich habe nun Geschmack an der Sache gefunden, ich nehme die Tochter und ich gedenke die 25.000 als Teil des Gesamtvermögens Ihrer Familie, der Familie von Creutz, auch ohnehin zu bekommen.
Vater und Tochter Sophie Albertine mußten sich fügen, der Vater, Geheimrat des Soldatenkönigs und dessen oberster Kassenprüfer und allmächtiger Mitdirektor des Generaldirektoriums konnte es schwerlich wagen, die Pläne seines Herrschers zu durchkreuzen.
König Friedrich Wilhelm hatte sich aus prinzipiellen Gründen sehr entschieden in die Heiratspläne seiner Untertanen eingemischt. So ist eine allerhöchste Anweisung aus dem Jahre 1739 bekannt, das „Edict Wieder die allzuungleiche und zum Theil schändliche Heyrathen derer von Adel in den Königl. Landen".

Herr von Creutz

Herr Boguslav Ehrenreich von Creutz war einer der Klügsten, einer der Zielstrebigsten und einer der Zähesten im Preußen des 18. Jahrhunderts. Am Ende seiner Laufbahn gehörte er zu den wohlhabendsten Grundbesitzern am königlichen Hofe. Zweimal hat er sich das Wohlwollen seines Königs fast verscherzt – und beidemale ging es um eine Frau. Die erste Affäre hatte er als Mittvierziger, sehr zum Mißvergnügen eines adligen Konkurrenten und sehr zum Verdruß seiner Ehefrau. Gegenstand der Begierde war ein Fräulein am Hofe der Königin, ein Edelfräulein von Wackenitz (oder Wagnitz).

Creutz war über 20 Jahre älter als das Fräulein, neben den körperlichen Reizen waren es wohl die Informationen über die politischen Vorgänge im Umkreis der Königin, die den obersten Rechnungsführer des Königreiches zum Fräulein hinzogen und ihn veranlaßten, über 1.000 Taler an Geschenken auszugeben. Die Frau von Creutz, seit etwa fünf Jahren mit dem Geheimrat verheiratet – die Mitgift bestand in Geld und Gütern aus der einflußreichen Familie derer von Haeseler –, wagte den Canossagang zum König Friedrich Wilhelm I. und bat ihn untertänigst um Intervention. Der König ließ das Edelfräulein von Wackenitz zu sich kommen, in den Zeitungsberichten jener Jahre ist vom Angebot des Verprügelns die Rede, und das Fräulein plauderte und rückte zwei kompromittierende Briefe des Herrn von Creutz heraus. Als der nach Wusterhausen beorderte Creutz im Gespräch unter vier Augen seinem König „die Hurerei" unter Eid ableugnete, war das Donnerwetter so gewaltig, daß sich Herr von Creutz für zehn Tage krank melden mußte. Danach konnte er wieder in sein Bureau, die schon die Messer wetzenden Rivalen gingen leer aus. Nie wieder sollte Seine Majestät Creutz bei Liebeshändeln erwischen.

Friedrich Wilhelm kannte Creutz schon aus der kronprinzlichen Zeit, hatte den damaligen Absolventen der Universität Frankfurt an der Oder im Jahre 1705 auf Empfehlung des mächtigsten Mannes im Königreich, des Reichsgrafen von Wartenberg, als Militärankläger und Gehilfe des Militärrichters (Ober-Auditeur) in sein neu geschaffenes Leibregiment nach Wusterhausen geholt.

Friedrich Wilhelm fand auch deshalb Gefallen an Creutz, da dessen Körpermaße überdurchschnittlich waren.

Creutz wurde Privatsekretär des Kronprinzen und Leiter der Gutsverwaltung Wusterhausen. Von diesem Moment an rührt die enge Vertrautheit von Kronprinz Friedrich Wilhelm und dem Juristen Creutz. Ehrenreich Bogislav Creutz war ein unbemittelter, strebsamer Mann, Sohn eines brandenburgischen Amtmannes aus Stargard/Pommern, geboren etwa um 1670. Es gibt kein Bild von ihm und keine genauen Geburtsdaten. Aber die weiteren Daten seiner steilen Karriere sind dokumentiert:

Am 3. Februar 1705 wurde er durch den Kronprinzen zum persönlichen Hof- und Kammerrat ernannt. Ohne Aufgabe der bisherigen Stellung wurde er im November 1706 pommerscher Regierungsrat, im April 1707 Geheimer Kammerrat und am 1. Dezember 1708 in den Adelsstand erhoben.

Den Kronprinzen und den Juristen verbindet vor allem die Abneigung gegenüber der Mißwirtschaft, dem Mätressenunwesen, dem hemmungslosen Treiben der Günstlinge des ersten preußischen Königs, Friedrich I., der Herren von Wartenberg, von Wittgenstein und von Wartensleben. Der Kronprinz studiert, spioniert, prüft die Finanzen – ohne Auftrag und nur mit wenigen Getreuen. Nach Jahren der Observierung haben sie den ersten der drei großen Herren am Haken – Wittgenstein hat nachweisbar Hunderttausende Taler veruntreut. Während das Land hungert, die Opfer der Brandkatastrophe von Krossen auf die Auszahlung ihrer Gelder aus der Feuerversicherungs-Kasse warten, prassen die Herren Oberkämmerer und Obermarschälle im neuen Schlüterschen Schloß. Auf Druck des Kronprinzen und aus der Einsicht in die Notwendigkeit, der Öffentlichkeit ein Bauernopfer zu bringen, muß der königliche Vater am 12. November 1710 eine Kommission zur Untersuchung der Mißwirtschaft des Reichsgrafen Wittgenstein einsetzen. Der Kronprinz setzt durch, daß sein engster Vertrauter Creutz Mitglied dieser Kommission wird.

Kriegskommissar Geheimrat von Blaspiel, der Geheime Justizrat von Plathen, Johann von Alvensleben und der Geheime Hofkammerrat von Creutz lassen Akten kommen, hören Zeugen und prüfen die Zahlen. Creutz schreibt den Bericht, kann damit wichtige Nuancen im Interesse des Kronprinzen formulieren.

Die entscheidende Passage: „Die Acten und Briefschaften, die wir aus der Hofkammer gefordert, sind theils gar nicht, theils erst nach langem Suchen aufzufinden gewesen, viele sind unvollständig, viele verstümmelt; Berichte, die längst zu den Acten gegeben sein sollten, sind erst nachträglich angefertigt ... der Krone und dem Lande unermeßlichen Schaden gebracht" etc. pp. Der Schlußbericht wird am 23. Dezember dem König vorgelegt. Er führt zur Verhaftung Wittgensteins am 29. Dezember, der Graf wird in die Festung Spandau verbracht. Die Überführung und Verurteilung Wittgensteins zieht auch den Sturz Wartenbergs nach sich, desjenigen, der Creutz erst bei Hofe eingeführt hatte, sicherlich zum eigenen Nutzen als Informanten und Gehilfen bei künftigen Intrigen. Nun also schlägt der Zögling zurück. Komplice Reichsgraf von Wartenberg wird am 30. Dezember durch den König über Wittgensteins Verurteilung informiert und seines Amtes als Oberkammerherr enthoben und auf sein Gut Woltersdorf verbannt. Dort stirbt er am 4. Juli 1711.

Aber zurück zu Creutz.

1713 wird Friedrich Wilhelm nach dem Tode seines Vaters König von Preußen - Creutz bleibt sein engster Vertrauter. Beim Regierungsantritt am 25. Februar übernimmt ihn der König sofort als Erster Kabinettssekretär in seinen Dienst, am 4. März wird er „Wirklicher Geheimer Rath" und am 4. Mai Minister.

Creutz erhielt die wichtigste Vertrauensstellung - die des obersten Finanzkontrolleurs des Königreiches. Eine Generalrechenkammer wird am 2. Oktober 1714 eingesetzt; an ihrer Spitze steht Creutz als „General-Controlleur aller Cassen". Das sind Schritte einer grundsätzlichen Neugestaltung der zentralen Verwaltung, im Prinzip bedeuten sie die Abschaffung des aus der Zeit der Kurfürsten stammenden Kollegialitätssystems.

1719 wird Creutz Oberdirektor des Generalfinanzdirektoriums und Controleur général, mit der Schaffung des Generaldirektoriums im Jahre 1723 dessen Vizepräsident und dirigierender Minister im zweiten Departement. Im Auftrag des Königs hatte Creutz das Konzept der Verwaltungsreform von 1723 ausgearbeitet. Es war eine strategische Aufgabe, und Creutz war für den Soldatenkönig der wichtigste Stratege in Finanzfragen. Von allen zentralen Verwaltungsstrukturen wurde das Finanzwesen am gründlichsten umgestaltet: Die bisher getrennten Verwaltungen der Domänen, der Münze, der Post, der Hofkammer wurden zusammengefaßt im General-Finanz-Directorium unter der Leitung Kameckes; die Militärfinanzen standen unter Leitung von Blaspeil, dem General-Kriegs-Kommissar.

Später erhält Creutz weitere Staatsämter, jeweils verbunden mit Gehaltsaufbesserungen und der Möglichkeit, sich über Personalentscheidungen neue Einflußbereiche zu verschaffen: Er wurde Protector der Königlichen Societät der Wissenschaften, Director der kurmärkischen und magde-

Bestallungsurkunde von Creutz1705

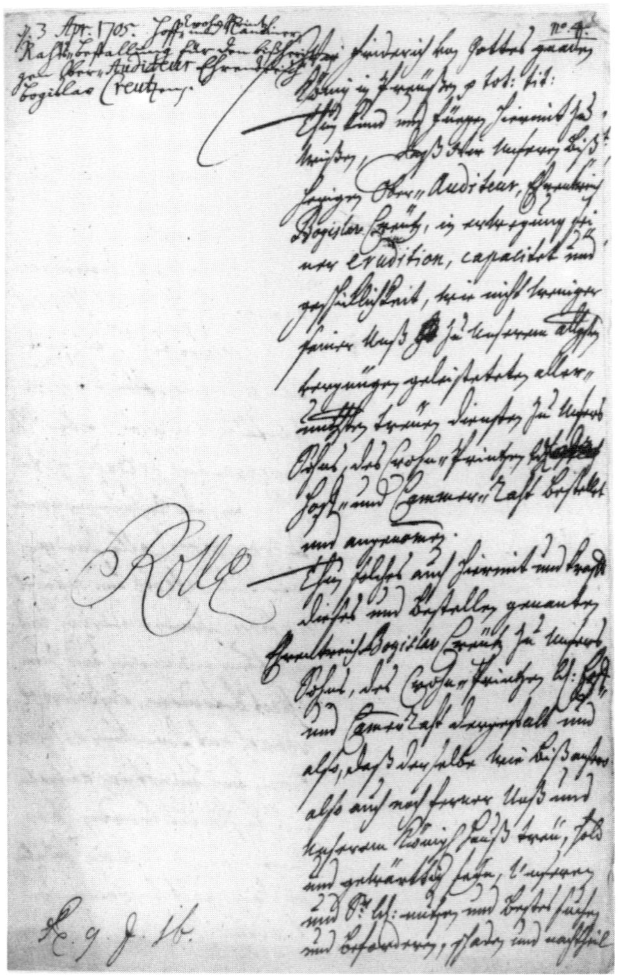

burgischen Landschaftssachen, Director des Ober-Collegium Medicum.
Soviel zur Person des Herrn von Creutz, der es gewagt hatte, eigene Wünsche bei der Wahl des Schwiegersohnes ins Spiel zu bringen. Doch alle Titel und Reichtümer waren nichts vor der Order des Königs.

Das Fest in der Klosterstraße

Am Ende wird geheiratet – im Februar 1732 im Palais Creutz in der Klosterstraße 36.
Das Grundstück Klosterstraße 36, schon seit dem 15. Jahrhundert als Burglehen der Hohenzollern im Besitz der kurfürstlichen Familie, ist nach jahrzehntelanger Mißwirtschaft und einem Brande nach der Übernahme der Regentschaft durch Friedrich Wilhelm I. im Jahre 1713 nun wieder an den König zurückgefallen. Ein Glücksfall, denn jetzt kann er es erneut vergeben und einen Günstling damit für treue Dienste entlohnen. Das Gebäude hat eben nur den Haken, daß es der Günstling auf eigene Kosten wieder aufbauen muß. Das ist der Kern der Baupolitik des Soldatenkönigs – seine Beamten und die Bürger seiner Residenz müssen auf eigene Kosten bauen und der König gibt ihnen die Grundstücke.
Wozu ist aber einer wie Creutz enger Vertrauter Seiner Majestät und gesuchter hoher Beamter, wenn es um die Finanzierung königlicher Projekte geht? Der letzte Hofbaumeister ist gerade mit Schimpf und Schande, ohne Zahlung ausstehender Gehälter und ohne die üblichen Geschenke entlassen worden. Der Schloßbau, halbfertig, ist dem Nachfolger im Bauamte, dem Herrn Böhme mit einem Appell an die königlich verordnete Sparsamkeit übergeben. Böhme baut nun auch den Palast des Herrn von Creutz; inwieweit Materialien und Arbeitskräfte von anderen königlichen Bauvorhaben abgezweigt wurden, ist nicht bekannt. Da Creutz der oberste aller Kassenkontrolleure des Reiches war, bleibt das eine offene Frage.
Sicher ist, daß Martin Böhme eine Meisterleistung in der Klosterstraße vollbracht hat. Im Stadtführer des Dr. Franz

Sophie Albertine von Creutz

Lederer von 1930 lesen wir: „Die Klosterstraße war im alten Berlin die Straße der vornehmen Leute. Eine ganze Reihe von Palästen entstanden hier im 18. Jahrhundert um das alte Kloster herum ... Dem Geheimen Staatsrat von Kreutz schenkte er (der König) das Grundstück Klosterstraße 36. Dieser ließ sich durch Martin Böhme ein palastartiges Gebäude mit Freitreppe und schmückenden Genien erbauen, das, wenn auch mit erneuerter Front, noch heute wohlerhalten ist. Das nischenartig vertiefte, mit Volutenbogen geschlossene Mittelfenster ist ein echt Schlütersches Motiv. Eine breite

Eduard Gärtner, Königl. Gewerbeinstitut (mit Balkon), Gemälde 1830, rechts im Bild Karl Friedrich Schinkel und Peter Christian Beuth

Treppe, deren reich geschnitztes Geländer Trophäen und Waffenschmuck aufweist, führt in den Festsaal des Hauses. Dieser zeigt eine Barockdekoration von solcher Feinheit der Ausführung, daß man dieses Werk Schlüter selbst zuschrieb und dem Saal den Namen „Schlütersaal" gab. Martin Böhme hat sich hier als gelehriger Schüler des Meisters gezeigt. Die fein getäfelte Wand teilt er durch korinthische Pfeiler. Der Dreifenstergruppe der Außenwand setzt er eine große Bogentür und zwei Rundbogennischen gegenüber. In diesen erblicken wir die überlebensgroßen, vergoldeten Gestalten des Großen Kurfürsten mit dem Feldherrnstab und des ersten preußischen Königs.
Die Decke schmückt ein Gemälde mit einer der antiken Mythologie entnommenen Darstellung. Ringsherum gruppieren sich im reizenden Wechsel die mannigfachen Motive, die die Kunst des Barock liebte."
Das Palais, das Hacke als einziger Schwiegersohn des reichen Creutz erbte, wurde später wegen familiären Geldmangels der Krone zurückgegeben. Es beherbergte im 19. Jahrhundert das königliche Gewerbeinstitut und im 20. Jahrhundert ein Museum. Der Palast wurde mehrfach gezeichnet, eine der schönsten Darstellungen stammt von Eduard Gärtner aus dem Jahre 1830. Gärtner nutzte die Chance und setzte in das Gemälde als Passanten in der Klosterstraße die beiden, die maßgeblich die Bedeutung des Königlichen Gewerbeinstituts ausmachten, Karl Friedrich Schinkel (1781–1841) und Peter Christian Beuth (1781–1853).
Die Bomben des Zweiten Weltkrieges ließen keine steinernen Zeugen der Pracht Schlüters und Böhmes und der Festlichkeiten der Familien von Creutz und von Hacke übrig. Insgesamt umfaßte die Hochzeitsgesellschaft vom Februar 1732 mehr als 120 Personen. Etwa 30 junge Offiziere waren als Tänzer zur Gesellschaft abkommandiert. Der Tanz war nach dem Abendessen vorgesehen. Das Brautpaar speiste in einer schönen Galerie. Man trank viel. Nach dem Essen lud die Königin zum Spiel. Bis Mitternacht wurde gespielt und getanzt; dann brachte man die Neuvermählten zu Bett. Der König litt unter Magenkrämpfen.
Der alte Creutz hat anscheinend das Scheitern seines Heiratsplanes nie verwunden. Er wird schwer krank und stirbt ein Jahr später, am 13. Februar 1733. Begraben ist er neben seiner Frau in der Gruft von St. Marien zu Berlin.

Der König ist tot – es lebe der König

Am 31. Mai 1740 stirbt König Friedrich Wilhelm I. im Potsdamer Stadtschloß. Hauptmann Hacke, der Generaladjutant, ist bis zum letzten Atemzug an seiner Seite. Ihm wird als letzter Gunstbeweis ein Lieblingspferd des Königs zugesprochen.
Der sterbende König fordert die Ausfertigung eines Protokolls „betreffend die Übergabe der Regierung von König Friedrich Wilhelm I. an den Kronprinzen Friedrich." In diesem Dokument wird auch Hacke genannt: „In Gegenwart Sr. Königl. Majestät, des Kronprinzen und Prinz Wilhelm Königl. Hoheiten, des Fürsten von Anhalt Durchlaucht, der Obristen v. Derschau und v. Weyher, der Obristlieutenants v. Einsiedel und v. Saldern, der Majors v. Bredow und v. Polenz, auch des General-Adjutant v. Haacke, ingleichen der Etats-Ministres v. Podewils und v. Boden ...".
Friedrich II. übernimmt fast alle hohen Militärs und Beamten des Vaters. Die Armee wird sofort um 16.000 Mann verstärkt. Hacke bleibt Generaladjutant und wird engster militärischer Vertrauter des neuen Königs. Diese pragmatische Handlung begründet Friedrich II. später gegenüber seinem Gesprächspartner Henri de Catt mit „Philosophie". Er verzeiht selbst denjenigen, die aus Opportunismus trotz besseren Wissens des Königs Schärfe gegen den Kronprinzen 1730 gefolgt waren, „... auch solche Officiere und Räthe, die dafür gegolten hatten, dem Kronprinzen feindlich zu sein, blieben in Amt und Ehren. Zwei von ihnen, des verstorbenen Königs Generaladjutant v. Hake und der Cabinetsrath Samuel von Marschall, waren die ersten, welche den neugestifteten Orden pour le mérite erhielten".
Generaladjutant von Hacke reist mit dem König am 20. Juli 1740 zur Huldigung der Stände nach Königsberg. Er hat nun auch beim neuen König seinen geregelten Tagesablauf – der

„erste Generaladjutant" ist der erste beim König am Morgen und der letzte in der Nacht und verantwortlich für den Kurierdienst.
Friedrich II. setzt die Linie seines Vaters in der Arbeit mit den Generaladjutanten fort. Hackes Name erscheint sogar in der Zeitung: Die „Berliner Nachrichten" melden am 30. Juni 1740: „Die sechs Generaladjutanten, die Oberstenrang erhalten, sind: Baron von Hacke, von Stille, von Keyserlingk, von Borcke, von Podewils, Graf Wartensleben."
Generaladjutant Hacke unterstehen die Feldjäger, er verwaltet auch bedeutende Summen des Militäretats – heute würde man dies einen Reptilienfonds nennen. Hoher Ver-

Palais Creutz, Interieur

trauensbeweis des Königs – am 16. Juni 1740 wird die Taufe von Hackes Sohn Friedrich Wilhelm vollzogen, König Friedrich II. kommt selbst aus Potsdam nach Berlin und hält den Täufling über den Taufstein.
Hacke wird durch den König sogar in den erblichen Grafenstand erhoben. Das Wappen der Familie muß ergänzt werden.
Noch im ersten Regierungsjahr wird der Generaladjutant nach Wesel zur Inspektion der dort in Garnison stehenden Regimenter geschickt.

Chef der Feldjäger

Täglich neue Befehle, die Stäbe arbeiten rund um die Uhr, Generaladjutant Hacke hat keine freie Minute. Ende November/Anfang Dezember ein neuer Auftrag: Rekrutierung von Jäger- und Forstbeamten und Schaffung einer kleinen schlagkräftigen Feldjägereinheit.
Der König hatte am 24. November 1740 aus Rheinsberg den Oberjäger Schenck in einem Handschreiben beauftragt, zwölf berittene Jäger zu einem Monatssold von vier Talern schnellstens aus den Reihen der Hofjäger auszuwählen und auszurüsten.
Das bedeutete Krieg. Daß Schlesien das Ziel des geplanten Feldzuges war, wird auch aus der Forderung des Königs ersichtlich, fünf Jäger mit polnischen Sprachkenntnissen in das Korps aufzunehmen.
Oberjägermeister von Schlieben wurde um Unterstützung bei der Suche nach den fähigsten Kandidaten herangezogen.
Mit Bildung des Corps wurde Graf von Hacke Chef dieser militärischen Einheit und blieb dies bis 1750, als er durch Generalmajor von Buddenbrock abgelöst wurde. Kommandeur war Oberjäger Schenck, der die kleine Einheit in der ersten Dezemberwoche in den Mobilisierungsraum an der Oder führte.
Am 13. Dezember trifft das Korps in Frankfurt bei der Armee ein, bereit zur ersten Bewährung im Feldzug nach Schlesien.

Die Feldjäger gehören zu den ersten, die mit dem König und dem Hauptquartier von Frankfurt nach Schlesien am 14. 12. 1740 aufbrechen. Während des Feldzugs wird das Korps vergrößert, am 25. September 1741 besteht es schon aus 37 berittenen Feldjägern, am 19. Februar 1742 werden noch andere 40 Jäger rekrutiert, die der ersten Gruppe nachzurücken hatten. Nach Beendigung des Ersten Schlesischen Krieges hatte das Korps eine Stärke von 110 Mann.
Graf von Hacke, Oberst und Generaladjutant des Königs, hatte, obwohl Chef dieser Einheit, während der Feldzüge keine Kommadogewalt über die Feldjäger. Während die Feldjäger den König bewachten, als Kuriere und Aufklärer dienten, als Scharfschützen den Feind beunruhigten, war Hacke bei gefährlichen Kommandounternehmen beschäftigt.
Seine militärischen Abenteuer in Böhmen, Schlesien und Sachsen wurden an der Spitze anderer Einheiten vollbracht – ebenso wie sein König mußte er Pulvergeruch und Gefahr für Leib und Leben erstmals erfahren.

Das Pferd, das Friedrich Wilhelm I. auf dem Totenbette seinem Adjutanten Hacke schenkte

Die Schlacht bei Mollwitz im April 1741 wird zur Feuertaufe für den jungen König und seinen militärischen Günstling. Am Vorabend der Schlacht (8. April) schreibt der König Briefe. Im Brief an den Tronfolger Prinz August Wilhelm empfielt er ihm „die, welche ich im Leben am meisten geliebt habe" und nennt neben Keyserlinck, Jordan und Wartensleben auch Hacke. Er verwendet die Formulierung „Hacke, der ein sehr redlicher Mann ist".

Die Schlacht endet siegreich, der König findet nach Stunden des Herumirrens auf den Feldern um Mollwitz zu den Truppen zurück, Hacke ist verwundet. Die Armee zieht weiter.

Im Jahre 1741 erhält Graf von Hacke den Befehl, in Schlesien mehrere Regimenter zu errichten, darunter das spätere 1. Leib-Husaren Regiment. Nach der Rückkehr der Armee

Orden Pour le Mérite

wird Oberst Graf von Hacke am 1. August 1742 Chef eines Regiments, des Infanterie-Regiments Nr. 1.

Die Geschichte des Regiments Nr. 1 ist die Geschichte der brandenburgisch/preußischen Armee im 17. und 18. Jahrhundert. Seine Befehlshaber waren durchweg die fähigsten Generale ihrer Zeit. Das Regiment bestand schon unter Kurfürst Georg Wilhelm, es wurde 1615 gegründet als märkische Leibwache mit drei Kompanien Garde, die Kompanie zu etwa 300 Köpfen.

Im Jahre 1656 wird in den Annalen des Regiments die Teilnahme an der Schlacht bei Warschau als Regiment, Stärke vier Bataillone,verzeichnet, Kommandeur war Generalleutnant von Pölnitz, danach Wrangel.1675 wird General Goltz, im Jahre 1685 General Schöning Chef des Regiments, das jetzt sechs Bataillone umfaßt. 1688 wird das Regiment auf 30 Kompanien verstärkt, 1691 Feldmarschall Flemming unterstellt und 1697 Feldmarschall Barfuß. Der reduziert es um 6 Kompanien, muß aber 1699 diese Kompanien wieder anwerben. 1713, beim Tod Friedrichs I., hat das Regiment drei Bataillone. 1702 erhält es Feldmarschall von Wartensleben. Das Regiment führte stets den Namen der Garde, 1723 wird Generalmajor von Glasenapp als Kommandeur eingesetzt und schließlich 1742 Graf von Hacke. Der Regimentschef Graf von Hacke wird am 1. Mai 1743 zum Generalmajor befördert, eine selbst für die Friderizianische Zeit überdurchschnittlich rasche Karriere.

Der König läßt nach dem siegreichen Krieg gegen Österreich seinen Offizieren keine Zeit zum Ausruhen. Das Heer rückt aus in den Zweiten Feldzug nach Schlesien. Generalmajor Hacke ist an der Seite seines Königs und kann sich bei der Schlacht um Prag 1744 verdient machen.

Am 2. September sind die preußischen Armeen rings um Prag vereinigt, 80 Bataillone und 132 Schwadronen. Der König ist verärgert. Es hatte Verzögerungen wegen einiger Schwierigkeiten beim Elbübergang gegeben. Da erhält er von seinen Aufklärern Kenntnis von einem gutbestückten österreichischen Magazin bei der Stadt Beraun, er bietet Hacke die Möglichkeit sich auszuzeichnen. Er gibt ihm fünf Bataillone und 600 Husaren und den Auftrag, das Magazin zu erobern. Der Angriff bleibt stecken, die Österreicher unter

Oberbefehlshaber Batthyany treiben Hackes Einsatzgruppe mit massivem Kräfteeinsatz zurück. Beim Rückzug geht eine Kanone verloren. Durch geschicktes Taktieren kann General von Hacke sechs Stunden auf einem Hügel den Angriff einer Übermacht von Kürassieren und Panduren standhalten. Der König kommt ihm mittags persönlich mit 50 Escadronen und 16 Bataillonen zu Hilfe. Hackes Abteilung ist gerettet, aber das Ziel des Unternehmens nicht erreicht.
Die Preußen sind auch in diesem Jahr des zweiten Krieges um Schlesien erfolgreich. Am 16. September 1744 erfolgt die Übergabe der Festung Prag. Der Feldzug hatte aber erhebliche Verluste, auch durch Desertion, mit sich gebracht. Daher befahl der König massenhafte Rekrutierung, auch aus den märkischen Stammländern. Die fehlenden Reste wollte der König aus dem Reich beschaffen. 55 Offiziere waren für diese Werbe-Aufgabe befohlen. Leitung der Aktion hatte Generaladjutant von Hacke.

Auf den Schanzen

Der Feldzug 1745 führte den König nach Sachsen und Böhmen, die Mark war fast vollständig von preußischen Truppen entblößt. Die unklare militärische Lage ließ es nötig erscheinen, für die Residenz Berlin besondere Schutzvorkehrungen zu treffen. Die Leitung der Maßnahmen lag in den Händen Hackes. Er verfügte über das Garnisonregiment Bredow, das Garnisonbataillon Hellermann, das „Neue" Garnisonregiment von Kraatz sowie über 400 Rekruten. Am 13. August wurde eine Konferenz mit der Absicht abgehalten, wehrfähige Bürger zur Verteidigung der Stadt heranzuziehen. Ein Verteidigungsplan wurde ausgearbeitet, die Stadtbefestigung in vier Abschnitte eingeteilt.
Insgesamt hatte Graf von Hacke 6.940 Bürger kommandiert und bewaffnet. 16 Abteilungen standen unter dem Befehl von altgedienten Offizieren, denen „Bürger-Officiers" beigegeben wurden. 3.600 neue Gewehre waren ausgegeben und auf Kosten der Stadt 50.000 Patronen angefertigt worden. Weitere Pläne zum Zumauern von Stadttoren, der Bildung von Jägerkompanien aus den Dörfern, der Absicherung der Lebensmittelversorgung bei möglicher Belagerung, dem Feuerschutz etc. wurden getroffen.
Die österreichische Bedrohung blieb nur Drohgebärde. Im Oktober kam der König nach Berlin zurück und bestellte sich für den ersten Abend zum Essen zusammen mit Außenmini-

Adolph Menzel, Feldjäger

ster Podewils, General Borcke, Akademiepräsident Maupertuis, Duhan de Jandun auch den Generaladjutanten von Hacke, wie aus einem Brief Friedrichs an Kammerdiener Fredersdorf vom 22. Oktober 1745 hervorgeht.
Eine neue bedrohliche Lage entstand aber im November 1745. Aus schwedischen Quellen erfuhr der König, daß nach den Siegen von Hohenfriedberg und Soor ein sächsisches Armeekorps unter General Grünne versuchen würde, im November 1745 auf Berlin zu marschieren.

Um die militärisch fast aussichtslose Lage der Garnison Berlin zu verstehen, muß man wissen, daß im Raum Berlin nur 5.000 Mann Infanterie stationiert waren, während das preußische Hauptheer unter dem König bei Löwenberg mit 23.500 Mann Infanterie und 6.500 Mann Kavallerie, der Fürst von Anhalt mit etwa 25.000 Mann im Raum Halle standen – kein Trost für Berlin. Hacke wurde wiederum beauftragt, den Plan vom August umzusetzen, diesmal mit stärkerer Linienbesatzung: verstärkt durch das Garnison-

Adolph Menzel, Schlacht bei Mollwitz

regiment Roeder (Nr. 2) aus Ostpreußen, das den Süden aus Richtung Treuenbrietzen deckte, die Garde du Corps in Charlottenburg, das 1. Bataillon Garde in Potsdam sowie 200 Husaren aus den Dörfern.
Die Verlegung des Hofes nach Stettin wurde vorbereitet, Gerüchte verursachten Panik unter der Bevölkerung. Doch auch diesmal zog die dunkle Wolke vorüber. Am 11. November 1745 wurden die erbeuteten Fahnen von Hohenfriedberg und Soor feierlich in die Garnisonkirche eingebracht.

Adolph Menzel, Friedrich II. mit Offizieren

Grundsteine

Es ist Friedenszeit zwischen zwei Kriegen der Preußen gegen Österreich. Hans Christoph von Hacke ist nun Chef eines berühmten Regiments, nach wie vor Günstling seines Königs, Besitzer großer Ländereien und eines schönen historischen Palastes in der Klosterstraße.
König Friedrich II. befördert seinen Hacke bei der Berliner Truppenschau vom 29. Mai 1747 zum Generalleutnant. Man erinnert sich der organisatorischen Leistungen des Generals während der drohenden Belagerung durch Österreicher und Sachsen im zweiten Schlesischen Krieg und erteilt ihm Aufträge, die seinen Fähigkeiten gerecht werden: General von Hacke wird die Oberhoheit über die königlichen Bauten in Berlin übertragen.
Am 2. Mai 1747 leitet der Graf von Hacke die Grundsteinlegung für das neue Invalidenhaus in Berlin. Es wird nach kurzer Bauzeit am 19. November 1748 durch den König höchstpersönlich eingeweiht.
Die Eroberung des katholischen Schlesien hatte für die Residenz Berlin einen weiteren königlichen Bauauftrag zur Folge: eine Kathedrale für die schlesischen Adligen, Beamten, Offiziere und Geschäftsleute in Berlin, genannt nach der Schutzheiligen der Schlesier, St. Hedwig.
Der König gibt am 21. November 1746 die Erlaubnis für den Bau einer katholischen Kirche in Berlin und weist persönlich den Platz in der Nähe der Magistrale Unter den Linden an. Der nunmehr im Bauwesen erfahrene General Hacke legt am 13. Juli 1747 im Auftrag des Königs den Grundstein zur Kirche. Für die über zwanzigjährigen Verzögerungen beim Bau kann Hacke nicht verantwortlich gemacht werden.
Die Verdienste Hackes um die Führung seines Garderegiments und um die Organisation des öffentlichen Bauwesens lassen ihn in der Warteliste der königlichen Ordensvergabe an vorderste Stelle rücken. 1748 erhält er den Schwarzen Adlerorden, die höchste Auszeichnung neben dem Pour le Mérite, den er schon seit 1740 auf der Uniform trägt.
Der Höhepunkt der militärischen Karriere des Grafen von Hacke ist 1749 erreicht: Am 10. November macht ihn der

König zum Stadtkommandanten der Residenz Berlin. Hacke ist damit Kommandant der größten preußischen Stadt, der stärksten preußischen Garnison und der Residenz.
Die Stadt hat sich seit Hackes erstem Aufenthalt stark verändert. Betrug die Bevölkerung ohne Hofbedienstete 1721 etwa 53.000, so ist sie 1747 auf etwa 85.000 angewachsen. Rechnet man die etwa 30.000 Offiziere und Soldaten der Garnison hinzu, kommt man auf über 100.000, die Bevölkerung einer Großstadt. Aber selbst ohne Garnison macht die Bevölkerung der Stadt Berlin etwa ein Sechstel der Bevölkerung der Kurmark aus.
Das Tagwerk des Stadtkommandanten ist vielfältig. Neben den militärischen Aufgaben ist der General verantwortlich für Personalentscheidungen, für die öffentlichen Bauten, für die öffentliche Ordnung und auch für den Holzhandel, denn er ist ja noch Hof-Jägermeister.
Durch eine Cabinetsordre an das Generaldirectorium aus Potsdam, datiert vom 30. August 1746, betitelt „Praktiken

P. Haas, Neue Exerzierhalle in Berlin, erbaut um 1800, Keibel-, Ecke Alte Schützenstraße, im 20. Jahrhundert als Markthalle, später als Werkstatt durch die Volksbühne genutzt

und Unterschleife der Holzmarktbedienten in Berlin", wird Graf von Hacke mit der Aufklärung beauftragt. Schlimme Worte fallen wie „Betrug, Nachlässigkeit, Faulheit". Auch die Feldjäger und die anderen Jäger des Hofes sollen für die Kontrollen eingesetzt werden.
Nicht zuletzt gehört zu den Aufgaben des Kommandanten die Pressezensur! Hacke wird zum Obersten Zensor über die Stadt Berlin ernannt: Geheimrat beim Kabinettsministerium und Protokollführer in der Staatskonferenz Vockeroth schreibt an den Geheimen Legationsrat und Archivar beim Archiv-Kabinett Hertzberg: „Da in der heutigen Conferenz resolviret worden, die hiesigen Zeitungsschreiber dahin anzuweisen, daß sie hinfüro den Articul von Berlin jedesmal zuforderst des Herrn Grafen von Hacke Exc. communiciren und von Deroselben unterschreiben lassen möchten, in dessen Entstehung solcher niemals bei der Revision passiret werden würde".
Der Graf von Hacke muß beim König einen Ruf als Sauber-

Adolph Menzel, Grundsteinlegung der Hedwigskathedrale

mann haben, denn er wird unter anderem herangezogen, wenn es um Betrugsaffären in größerem Umfang geht. Im Mai 1748 erhält er den politisch sensiblen Auftrag, in die schon laufenden Untersuchungen des Falles Liebherr einzusteigen. Liebherr war Kriegsrat und pommerscher Obersteuerkassen-Rendant. Er hatte etwa 43.000 Taler unterschlagen („Defect") und sich mit der Ausflucht verteidigt, er habe diese Summe wegen Kriegszeiten und schlechter Geschäfte nicht eingenommen, sondern die Einnahme vorgetäuscht. Die Sache zieht sich über Jahre hin: Zu den Unterschlagungen in Höhe von über 90.000 Talern kommen noch über 66.000 Taler an Restschuld. Niemand weiß, wie diese Riesensumme zu verrechnen ist.

Graf von Hacke wird zum Vorbild für andere preußische Stadtkommandanten. So aus Breslau: Kommandant Münchow rühmt die Zustände in Berlin als beispielhaft, insbesondere die Bautätigkeit und das Verhältnis von Soldaten und Bürgern, bezieht sich auf Berichte und übermittelte Befehle des Stadtkommandanten Hacke vom März 1745 und Oktober 1749, bittet den König, solche Befehle auch für Schlesien und Breslau herauszugeben.

Anfang August 1754 erkrankt Generalleutnant Graf von Hacke. Der König schickt seinen besten Arzt in die Klosterstraße.

Am 13. August schreibt Hofarzt Professor Cothenius an den König: „Ich habe den Graf v. Haacke in sehr mittelmäßigen Umständen angetroffen ... Man kann hier nichts versprechen." Der König beordert zusätzlich die Ärzte de Meyerinck, Eller und Lieberkühen ans Krankenbett, aber auch sie können dem geschwächten Körper des Grafen keine Lebenskraft mehr einhauchen.

Der König fühlt, daß für seinen Stadtkommandanten jede Hilfe zu spät kommt. Er schreibt an Fredersdorf: „... mit den armen Haken gehet es zu Ende. Gottbewahre!" Hacke stirbt am 17. August 1754 in Berlin. Der Hof ordnet ein feierliches Leichenbegängnis in Berlin an.

Danach erfolgt die Überführung nach Frauenhagen bei Angermünde und die Beisetzung im Erbbegräbnis der Familie. Die Witwe schickt nach alter Sitte am 21. August die Orden ihres verstorbenen Mannes an den König zurück und schreibt: „Ich erlaube mir bei dieser Gelegenheit Eurer Majestät für all die Güte zu danken, die Sie meinem Gatten zu dessen Lebzeiten entgegengebracht haben. Er starb mit der sicheren Gewißheit, daß Eure Majestät diese Güte auch seinem Sohn weiterhin gewähren werden."

Der Tod vor Richmond

Der preußische General von Hacke, in den Grafenstand erhoben und mit den höchsten Orden dekoriert durch König Friedrich II., konnte nicht ahnen, daß einer seiner direkten

Premierleutnant Hermann Bogislav von Hacke

männlichen Nachkommen nur ein Jahrhundert später auf der Seite einer demokratischen Regierung Militärdienst als Offizier im Kampf gegen ein konservatives, der Ideologie des feudalen Preußen weitaus näherstehendes Regime leisten und als Held sterben würde.
Über ihn, den Grafen Hermann Bogislav Albert Wilhelm Eduard Heinrich von Hacke, sagt die Familienchronik, daß er am 22. Mai 1831 in Potsdam geboren und am 23. Juni 1864 als Kgl. preuß. Premierleutnant a. D. in Richmond (Virginia) gefallen sei.
Auch im Gotha ist er verzeichnet, der Sproß der gräflichen Familie, der eine Witwe und drei Kinder im Alter von 3, 6 und 7 Jahren hinterließ.
Die Biografie des Hermann Bogislav ist schnell erzählt: Er wurde 1842 Kadett in Potsdam und im Mai 1845 Zögling der berühmten Kadettenanstalt in Berlin. Am 28. April 1849 tritt er als Portepeefähnrich in das Erste Garde-Regiment zu Fuß ein, am 12. Dezember 1850 wird er Seconde-Leutnant, am 31. Mai 1859 Premier-Leutnant. 1856 lehrt er an der Schießschule in Spandau und wird 1860 als Kompanieführer an die Unteroffiziersschule nach Potsdam versetzt.
Bis dahin eine gräflich Hackesche normale Offizierskarriere. Nun aber kommt ein Bruch: am 27. November 1862 erhält er den erbetenen Abschied aus dem preußischen Heer und geht nach Amerika, um in der Union-Armee Dienst zu tun.
Nach einer stürmischen Überfahrt auf dem Dampfer „Bavaria" landet er am 22. Dezember 1862 in New York.

Am 13. Januar 1863 wird der ehemalige preußische Premierleutnant als Freiwilliger beim 7. New Yorker Volunteer-Regiment vereidigt, das den Namen des aus Deutschland stammenden Offiziers Steuben trägt. Mitte Januar ist Abgang zum Lager des Regiments in der Potomac-Armee bei Fallmouth am Rahahonnec.
Ankunft im Lager ist am 22. Januar. Zwei Tage später folgt die Ernennung zum Leutnant, dann im März 1863 zum First Lieutenant, dem Rang, den ihm auch der preußische König verliehen hatte. Ende April kehrt das 7. Regiment nach New York zurück und wird aufgelöst. Die Offiziere werden zum Leidwesen des Hermann Bogislav Hacke entlassen. Hacke ist wieder arbeitslos in New York.
Erst im November 1863 gelingt es Hacke nach vielen Mühen, wieder Aufnahme in die Nordstaaten-Armee zu finden, diesmal in das 52. New Yorker Volunteer-Regiment wiederum mit dem Rang eines First Lieutenant. Sofort geht es ins Lager bei Stevensburg.
Am 3. Mai 1864 hat das Regiment als Teil der Armee von General Ulysses S. Grant den Marsch gegen Richmond begonnen. Hacke nimmt teil an den verlustreichen Schlachten vom 8. bis zum 14. Mai 1864 in den „Wilderness" und bei Spotsylvania (Virginia). Zum Captain ernannt am 10. Mai 1864, wird er am selben Tage schwer verwundet, fällt in die Hände der Konföderierten und stirbt im Lazarett des Gegners am 23. Juni 1864.
Begraben ist er in Richmond.

Von Häusern und Straßen

Wie weit war die städtebauliche Anlage des neugeschaffenen Platzes vor der Spandauer Brücke und die Bebauung der Grundstücke bei Hackes Tod im Jahre 1754 gediehen? Der Stadtplan des Kupferstechers Johann David Schleuen von 1757 gibt einen Eindruck vom Zustand dieses Gebietes nach Abschluß der ersten Bauphase. Der „Hakische Markt" ist angelegt, die Neue Schönhauser Straße, deren geknickter Verlauf die äußere Begrenzung der Kontreescarpe kenn-

J. D. Schleuen, Die Königliche Residenz Berlin, 1757, Detail, eine der ersten kartografischen Darstellungen des Hackeschen Marktes

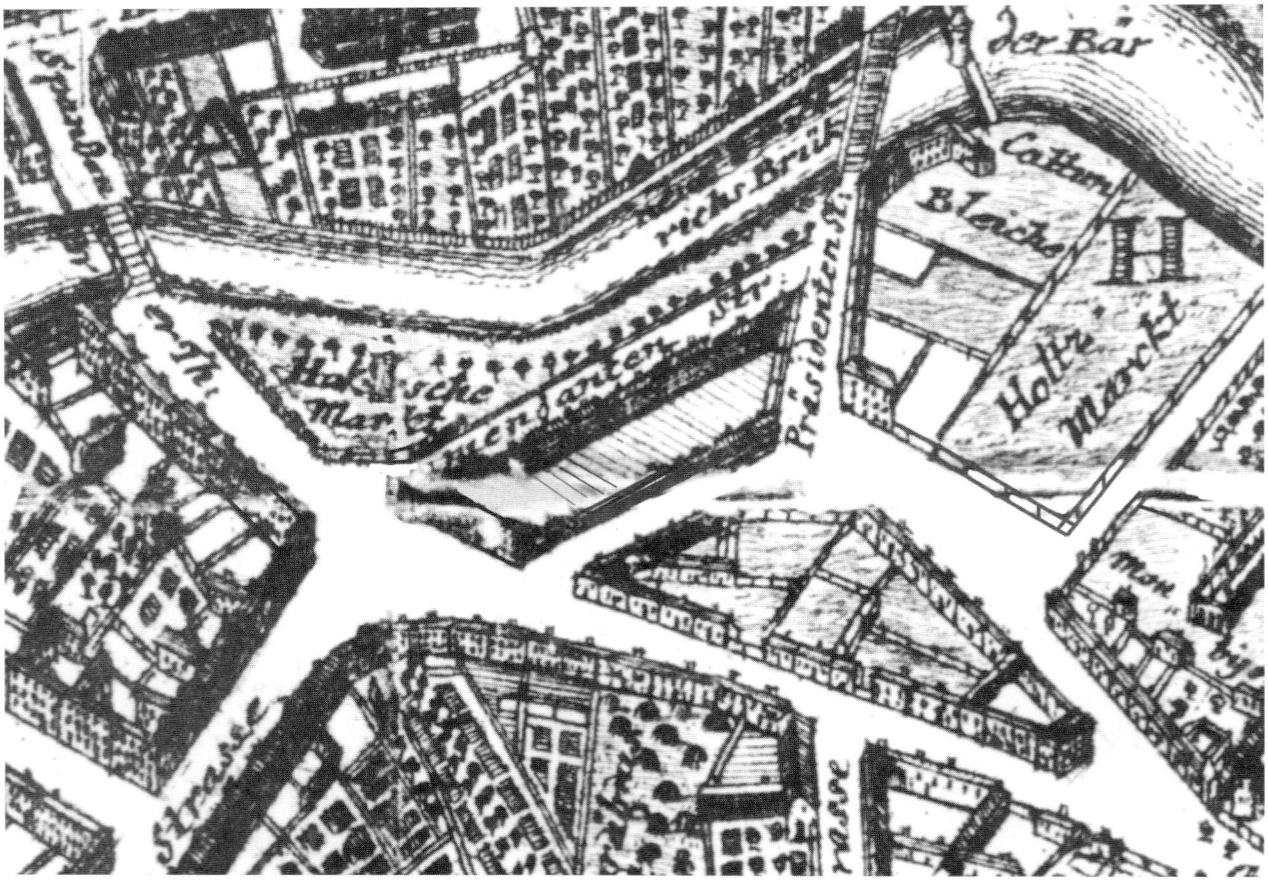

zeichnet, besteht schon. Sie ist auf unserem Ausschnitt unten links im Ansatz zu sehen.
Bebaut sind auch die „Commendantenstraße", die „Präsidenten Straße", die sich später in die „Große" und „Kleine Präsidenten Straße" aufspaltet und auch die Straße „An der Spandauer Brücke", die bei Schleuen noch „Spandauer Thor" heißt. Die Karte ist noch gesüdet, daher liegt Schloß Monbijou rechts mit dem unbebauten Holzmarkt und der Cattunbleiche davor. Auf unserem Ausschnitt sind an der Oberkante die hölzerne Spandauer und Neue Friedrichsbrücke zu erkennen.
Bemerkenswert die Veränderung, die im ersten Jahrhundert der Bebauung den Hausnummern des Hackeschen Marktes widerfuhr. Bis 1801 waren die Grundstücke mit den Nummern 1–11 versehen, beginnend mit dem Gebäude zwischen Großer Präsidentenstraße und Commendantenstraße und im Uhrzeigersinn sich drehend bis zur Nr. 11 an der Ecke Commendantenstraße, mit der Spandauer Brücke beginnend. Auf der schon genordeten Karte des Professors Jean Chrétien Selter aus dem Jahre 1804 beginnt die Numerierung an der südöstlichen Ecke – die Zwirnmühle am Wasser mit den Hausnummern 13 und 14 einbezogen. Ab 1840 jedoch entstehen durch Zusammenlegung fünf Grundstükke. Diese Numerierung blieb bis heute mit zwei Variationen: sie beginnt an der nordöstlichen, heute unbebauten Ecke, und die Drehung verläuft nun entgegen dem Uhrzeigersinn. Sieht man sich die Bau- und Nutzungsgeschichte der Häuser unmittelbar am Hackeschen Markt an, offenbart sich ein bemerkenswertes Stück Berliner Kultur- und Gewerbegeschichte.
Das Gebäude Hackescher Markt 1 an der Ostseite des Platzes ist eigentlich am bekanntesten, weil es auf historischen Fotos durch die Ladenreklame für Tabakwaren, zuerst der Firma Loeser & Wolf, dann etwa ab 1909/10 der Firma Eduard Palm, auffällt - wie auf dem Umschlagfoto deutlich sichtbar. Dieses Grundstück muß wohl wie die anderen am Hackeschen Markt schon in den ersten Jahren der Anlage des Platzes abgesteckt und bebaut worden sein. Auf dem Selterschen Plan sind noch die ursprünglichen 14 Grundstücke verzeichnet. Selter bezeichnet mit den Nummern 4, 5 und 6 die Stelle des heutigen Grundstücks Nr. 1, der nordöstlichen Ecke des Hackeschen Marktes, an der Einmündung der Rosenthaler Straße. Anfang des 19. Jahrhunderts werden aus den Nummern 4 bis 6 die Nummern 1 bis 3. Schließlich erhält das aus der Zusammenlegung von Nr. 1

Plan des J. C. Selter von 1804, Detail

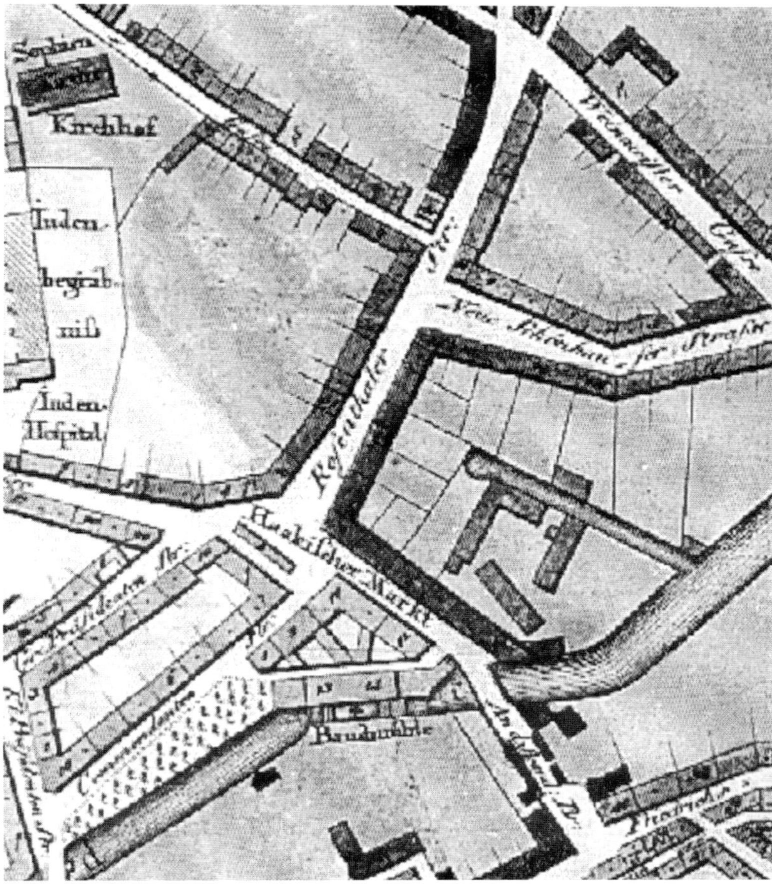

Blick vom Turm des Roten Rathauses auf die Marienkirche und den Neuen Markt 1868; zwischen dem Markt und der Sophienkirche deutlich zu erkennen die dichte Bebauung des Gebietes um den Hackeschen Markt und der Schornstein der Zwirnmühle

bis 3 entstandene Grundstück im Jahre 1840 die Nummer 1. Eigentümer der Gebäude waren Ende des 18. Jahrhunderts der Destillateur Süßmilch, der Kaufmann (im Adreßbuch von 1801 „Materialist" genannt) Alberti und die Witwe Schröder. Das Adreßbuch von 1812 nennt unter den Hausnummern Hackescher Markt 4, 5 und 6 zum Beispiel die Glaserei der Witwe Dümke, drei Obsthandlungen - die der Witwe Walter, der Frau Kuhlhorn und des Herrn Kohl, den Branntweinhändler Stellin, den Papierladen der Witwe Süßmilch, die zugleich Eigentümerin des Hauses Nr. 4 war, den Schneider Müller, den Schuhmacher Horst, das Fuhrgeschäft Winkelmann, den Eisenhandel des Herrn Born, eine Geheimrätin Böttcher sowie die Rentiers Kemp, Lehmann, Fräulein von Mederjahn, Witwe Meier Magnus, Demoiselle Sommerbrod. Im Haus Nr. 4 wohnte 1801 auch ein Offizier, der Premier Capitain Schultze vom Dritten Feld-Artillerie-Regiment des Herrn von Tempelhoff. Es ist eine illustre Gesellschaft in den drei Häusern, wobei diese Adreßbücher nicht alle Bewohner erfaßt haben, sondern nur die Selbständigen und Künstler. Nichts ist bekannt über Kinder und Frauen, über Hausangestellte, Fabrikarbeiter und gemeine Soldaten oder Unteroffiziere.

Über die äußere Gestalt der Häuser unmittelbar am Hackeschen Markt im 18. Jahrhundert ist nicht viel zu erfahren. Man kann aber nach der Beschreibung Friedrich Nicolais davon ausgehen, daß es sich um eine geschlossene Bebauung mit dreigeschossigen Häusern nach Planungen des Hofarchitekten Unger handelte – auf königliche Kosten, wie Nicolai erwähnt. Diese Häuser waren aufgrund der relativ großen Grundstückstiefe mit Gärten und Höfen ausgestattet. Die Anlage der Flurstücke auf dem Stadtplan Selters von 1804 zeigt auch, daß sich in der ersten Bauphase hinter den Häusern zwischen der Rosenthaler Straße und der Spandauer Brücke, also an der Ostseite des Platzes, noch ein Wassergraben mit Wirtschaftsbauten befand. Die Flurstücksgrenzen, wahrscheinlich noch unter dem Kommando des Grafen von Hacke abgesteckt, verraten deutlich den ehemaligen Verlauf der Festungsanlagen. Für den heutigen Passanten ist dieser Verlauf in der Neuen Schönhauser Straße und in der Münzstraße sichtbar. Nicht sichtbar jedoch sind

Das Gebäude Hackescher Markt 1 um 1907, im Erdgeschoß die Tabakwarenhandlung Loeser & Wolf, links die Einmündung der Rosenthaler Straße

die rückwärtigen Grenzen zwischen den Flurstücken der heutigen Dircksenstraße, ehemals „An der Stadtbahn", der Neuen Schönhauser Straße und der Rosenthaler Straße. Jene Grenzlinien markieren den Verlauf des ehemaligen Festungsgrabens zwischen zwei Bastionen, der ja erst später verschüttet wurde.
Die für die damalige Zeit ansehnlichen dreigeschossigen Gebäude am Hackeschen Markt sind auf zwei Stichen von Johann Georg Rosenberg, veröffentlicht im Jahre 1786, dargestellt. Der erste Stich aus dem Jahre 1780, die Ansicht mit Blick auf die Marienkirche, läßt links plastisch die prächtige bürgerliche Bebauung zwischen Rosenthaler Straße und Spandauer Brücke erkennen. In der Mitte des Platzes die Marktsituation – feste Holzbuden mit Auslagen. Friedrich Nicolai zählt auf: „Kraut- und Fischmarkt, Fleischscharren und verschiedene Krambuden". Auf dem Stich ist auch die

J. G. Rosenberg, Ansicht des Hackeschen Markes mit Blick zur Marienkirche, links das Haus Hackescher Markt 1, damals die Nr. 6

Bepflanzung des Marktes zu erkennen; vorwiegend Maulbeerbäume für die Seidengewinnung sowie einige größere Bäume. In der Mitte der nordöstlichen Bebauung des Platzes zeigt Rosenberg als Ausnahme ein fünfgeschossiges Gebäude – Nicolai nennt es das „Kleinsche Haus".
Sichtbar ist auch auf diesem Stich Rosenbergs im Bildhintergrund teilweise die Spandauer Brücke, die noch hölzern ausgeführt ist. Erst 1785 wurde, nach Aussage Nicolais, die Ausführung der Brücke in Stein vorgenommen, auf der Grundlage der Entwürfe Ungers.
Es ist anzunehmen, daß im Anschluß oder möglicherweise gleichzeitig mit dem Bau der Häuser am Markt auch die neu abgesteckten Grundstücke der in den Platz mündenden Straßen, zum Teil auch neu angelegter Straßenzüge, bebaut wurden. Sicher ist nach dem Plan Selters und auch schon nach dem Schleuenschen Plan, daß geschlossene Häuserreihen in der Großen und Kleinen Präsidentenstraße und in der Commandantenstraße bestanden haben. Auch die bei Nicolai genannte „Seidenmouliniermühle" am heutigen Zwirngraben ist auf dem Plan von Professor Selter eingezeichnet – auf der Fläche, die heute den S-Bahnhof Hackescher Markt darstellt. Unter moulinieren verstand man das Verzwirnen

Numerierung der Gebäude des Hackeschen Marktes im Jahre 1812

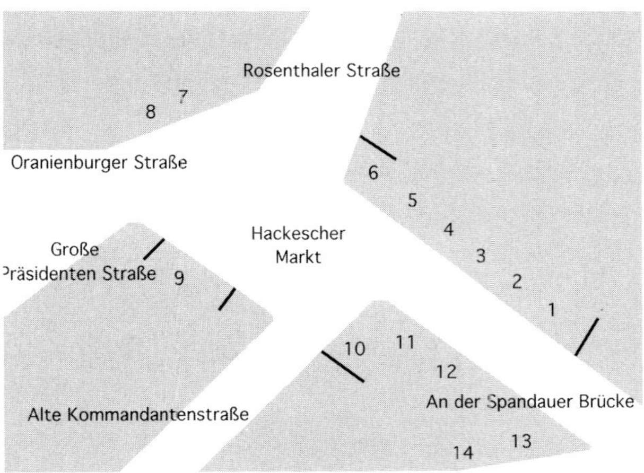

der Seide, daher die Bezeichnung des Wassergrabens, der für den Antrieb der Mühle dort gestaut wurde. Selter nannte die Anlage „Bandmühle".
Der Stich Rosenbergs von 1780 läßt uns auch eine bedeutende Veränderung in der städtebaulichen Sicht, im Konzept der Einordnung dieses Platzes in die Verbindungssituation zwischen der Kernstadt Berlin-Cölln und den Vorstädten im Norden erkennen. Die Perspektive des Bildes läuft keilförmig auf die Spandauer Brücke zu, was nicht nur den Gesetzen der Zeichenkunst, sondern auch der Topographie des Platzes selbst geschuldet ist. Das heißt, der Platz ist von seiner Anlage her ein Sammelpunkt von Verkehrslinien aus dem Norden und Nordwesten unmittelbar vor der Überquerung des Festungsgrabens. Die Spandauer Brücke wird so zum Zielpunkt aller Fluchtlinien. Rosenberg läßt der Oranienburger Straße, der wichtigsten Heerstraße der Brandenburger Kurfürsten seit dem Mittelalter zwischen Berlin und der Festung Spandau, die größere Bedeutung gegenüber den anderen Zufahrtstraßen zukommen, so wird der Standpunkt des Betrachters in die Mitte dieser Straße gelegt. Der Blick des heutigen Betrachters von diesem Standort geht nicht unwillkürlich nach links, in Richtung der ehemaligen Brücke und darüberhinaus zum Schloßplatz, sondern wird wie magisch von rechts, vom imposanten Bauwerk des Bahnhofes Hackescher Markt angezogen. Der Hochbau der S-Bahn-Strecke veränderte die visuelle Wahrnehmung des Stadtkerns von Berlin und seiner dahinführenden Wege, so wie die Festungsanlage vor 200 Jahren Berlin-Cölln von den entstehenden Vorstädten trennte.
Die Bebauung der Nordseite des Marktes zwischen Rosenthaler und Oranienburger Straße wird auf dem Plan Selters durch die Grundstücksnummern 7 bis 8 ausgewiesen, seit 1840 sind es die Häuser Hackescher Markt 2 und 3. Auch diese Grundstücke, später zu einem Gesamtbau vereint, ziehen natürlich aufgrund der besten Verkehrslage Geschäftsleute und betuchte Pensionäre an.
1812 gehörte die damalige Nr. 7 der Witwe Rieber, die Nr. 8 dem Besitzer der Sattlerei Krüger. Zu den Bewohnern und Geschäftsleuten dieser Häuserer gehörten u.a. der Destillateur J. Fölsing, der Lebensmittelhändler Klowacki, der Ren-

tier Kuhl. Es fällt die geringe Zahl der Gewerbetreibenden im Vergleich zu den Häusern an der Ostseite des Platzes auf. Dafür aber sind die Bauakten z. B. des damaligen Hauses Nr. 7 sehr aussagefähig. So findet sich aus dem Jahre 1811 eine Zeichnung zu einer Destillateur-Anstalt für den oben

Bescheinigung des Meisters Althaus über ausgeführte Arbeiten

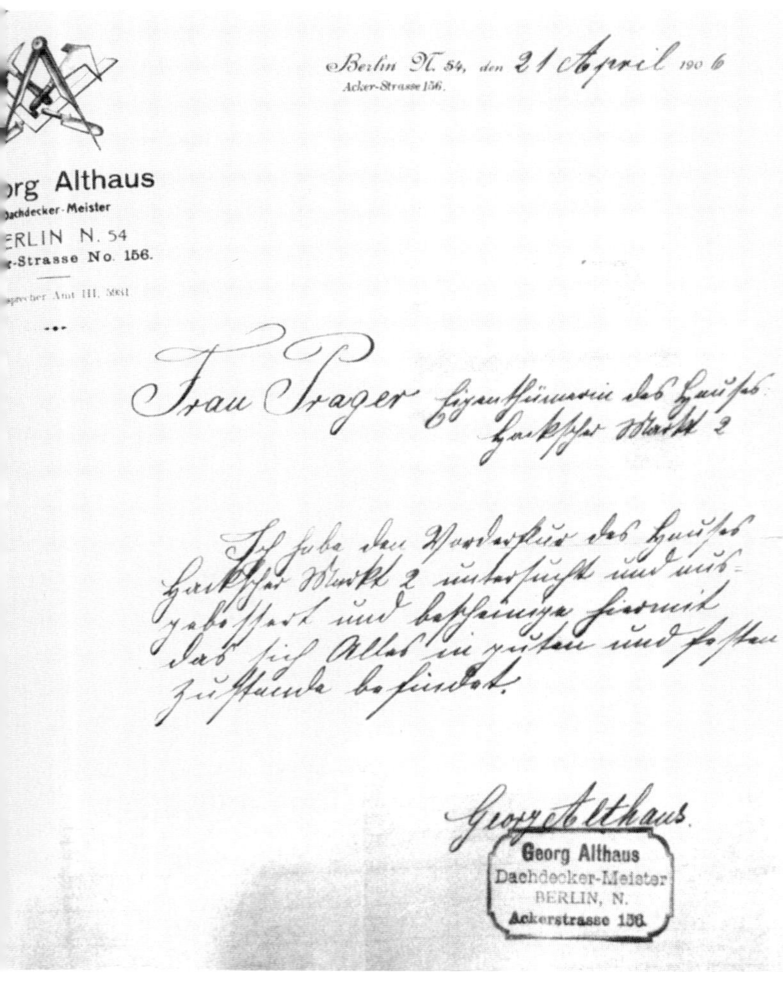
Berlin N. 54, den 21 April 1906
Acker-Strasse 156.

rg Althaus
Dachdecker-Meister
ERLIN N. 54
-Strasse No. 156.

Frau Prager Eigenthümerin des Hauses Hackescher Markt 2

Ich habe den Vorderflur des Hauses Hackescher Markt 2 untersucht und ausgebessert und bescheinige hiermit daß sich Alles in gutem und festem Zustande befindet.

Georg Althaus

Georg Althaus
Dachdecker-Meister
BERLIN, N.
Ackerstrasse 156.

genannten Herrn J. Fölsing, wohnhaft auf dem Hackeschen Markt Nr. 7. Die Umfangsmauern dieses Plans sind schon aufgeführt und bedürfen keiner Einrichtung weiter, als die Blasen zu setzen.

Johan Fölsing wird 1817 Eigentümer des Hauses und hat nun einige ernsthafte Schwierigkeiten mit der Treppe. Am 16. Juli schreibt er: „Eurer Königl. Hochlöblichen Polizei Intendantur, zeige ich hiermit gehorsamst an, da vor meinen Hause ein massiver Kellerhals erbaut ist, so wünsche ich meine Laden-Treppe welche bisher hölzern war, ebenfalls von Stein machen zu lassen, die alte Treppe liegt zwar zwei 3/4 Fuß vor dem Hause, da aber der Bürgersteig doch noch über 13 Fuß breit bleibt, und also Niemand hindern oder schaden kann, so ist meine ganz gehorsamste Bitte, daß Eure Königl. Hochlöbl. Polizei Intendantur mir gnädigst einen Erlaubnisschein zur Ausfertigung dieser Treppe ertheilen möge. In welcher Erwartung mit tiefster Ehrfurcht verharre Eurer Königl. Hochlöbl. Polizei Intendantur gehorsamst der Destillateur J. Fölsing HM 7." Im September desselben Jahres 1817 wendet er sich nochmals an die Baubehörde: „Da ich willens bin auf meinem Grundstück Hackescher Markt 7 nach beiliegender Zeichnung ein Quergebäude zu einem Pferdestall nebst Magazin-Remise erbauen zu lassen, Eurer Königl. Hochlöbl. Polizei Intendantur bitte gehorsamst einen Bauerlaubnisschein darüber ausfertigen zu lassen. Mit Hochachtung. Der Bürger und Branntwein-Destillateur Felsing".

Im Jahre 1828 schließlich versucht Hauseigentümer Fölsing ein Stockwerk aufzusetzen, so wie der Nachbar von Haus Nr. 8. Jahre später geht das Haus und die Destillation an einen Herrn Braun, 1836 an einen Carl Ludwig Schüttler über.

Das Gebäude bleibt Geschäftshaus – es wechseln sich ab von den vierziger bis in die neunziger Jahre Strickwarenfabrik, Lotterieannahme, Drogerie, Buchbinderei, Schreibwarenhandlung, Plättanstalt.

1894 erwirbt ein Adolph Prager das Anwesen; die Akten verweisen auf eine Drogerie und eine Schreibwarenhandlung im Hause. 1906 widerfährt Familie Prager ein Mißgeschick: Frau Frieda, inzwischen Eigentümerin, erhält eine

Aufforderung vom 13. Polizeirevier. Ein Putzschaden soll ausgebessert werden, drei Wochen Frist sind gesetzt. Dachdeckermeister Althaus repariert und bescheinigt den guten und festen Zustand. Über die Gesundheit der Person, die durch den herunterfallenden Putz schwer verletzt wurde, ist nichts bekannt. Das Gebäude war dem 13. Polizeirevier bekannt: Im Jahre 1899, am 16. März, war ein Bericht eingegangen, wonach gegen 9.45 Uhr bei dem Kaufmann H. Ganzer in seiner im I. Stock gelegenen Wohnung des linken Seitenflügels aus der auf dem Korridor befindlichen Reinigungsklappe des Schornsteins Funken geflogen waren. Die Feuerwehr hatte einen defekten Schornstein festgestellt.

Ein Beispiel für ein illustriertes Adreßbuch Anfang des 19. Jahrhunderts: Neander von Petersheidens „Neue Anschauliche Tabellen von der gesammten Residenz-Stadt Berlin ..." von 1801

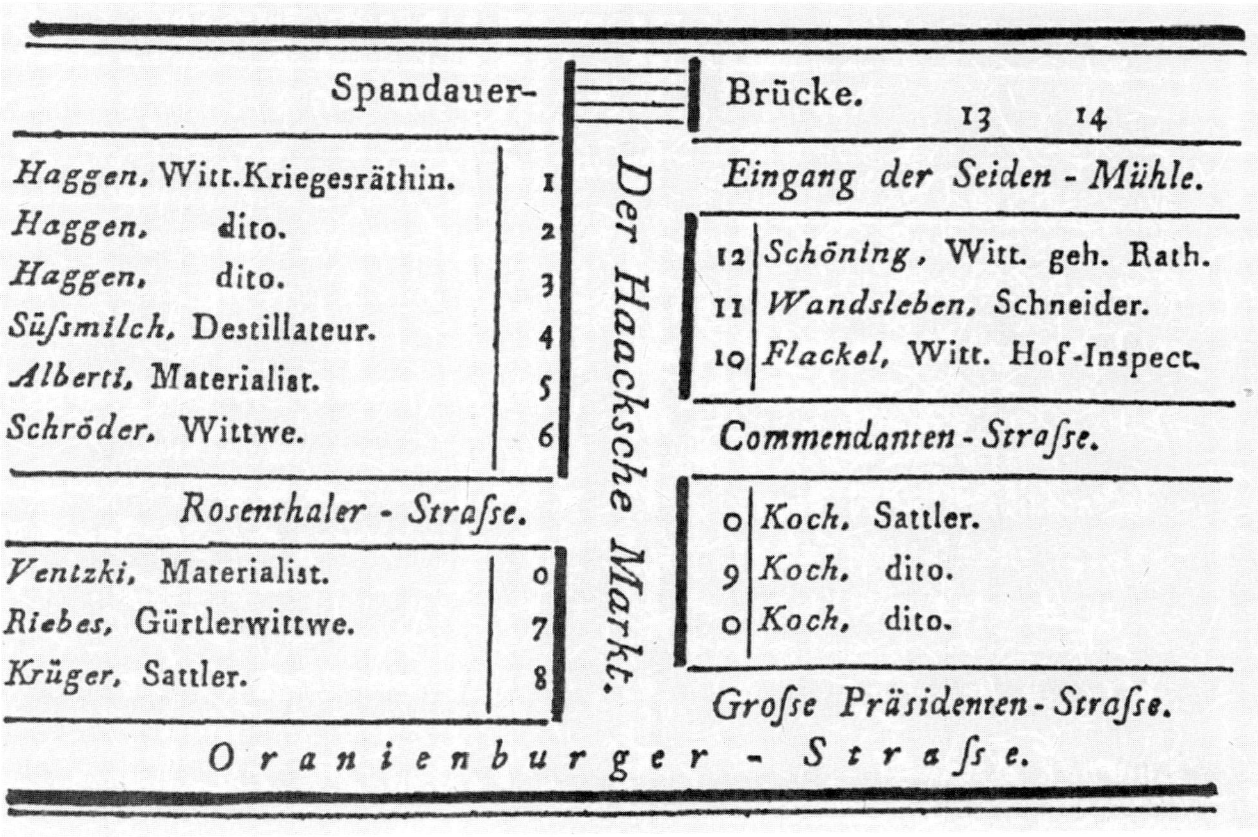

Spandauer- Brücke. 13 14

Haggen, Witt. Kriegesräthin. 1
Haggen, dito. 2
Haggen, dito. 3
Süßmilch, Destillateur. 4
Alberti, Materialist. 5
Schröder, Wittwe. 6

Rosenthaler - Straße.

Ventzki, Materialist. 0
Riebes, Gürtlerwittwe. 7
Krüger, Sattler. 8

Der Haacksche Markt.

Eingang der Seiden - Mühle.

12 *Schöning*, Witt. geh. Rath.
11 *Wandsleben*, Schneider.
10 *Flackel*, Witt. Hof-Inspect.

Commendanten - Straße.

0 *Koch*, Sattler.
9 *Koch*, dito.
0 *Koch*, dito.

Grosse Präsidenten - Straße.

Oranienburger - Straße.

Hackescher Markt 2-3, Aufnahme zwischen 1894 und 1903

Ruine des Hauses Hackescher Markt 2-3, im Erdgeschoß des Nachbarhauses seit 1959 die Buchhandlung „Sonnenhaus"

Acht Tage später schreibt die Polizei dem Schornsteinfegermeister Schickramm die Schuld zu, da es seine Pflicht war, auch dieses Schornsteinrohr zu untersuchen und in Ordnung zu halten, er hätte monatlich rechtzeitig fürs Ausbrennen sorgen müssen. 1907 geht das Haus an die Erben Prager über, und schon drei Jahre später wird es abgerissen – nun im Eigentum der Realcredit- und Immobilien Verwertungsgesellschaft m.b.H.
Auch das Nachbarhaus Nr. 3, ehemals die Nr. 8, war inzwischen nach einer bewegten Vergangenheit in den Besitz jener Gesellschaft übergegangen und erlitt das gleiche Schicksal. So konnte nun ein Neubau entstehen, jetzt aber im Besitz der Charlottenburger Baufirma der Architekten Friedenthal & Marcuse. Was war bemerkenswert aus der Geschichte jenes Hauses? In den fünfziger Jahren bekam der Eigentümer, der Lederhändler Hartmann, ebenfalls Probleme mit den Bürgersteigen. In den sechziger Jahren gibt es einen Eigentümer Kabelich, Gummihändler, der das Bauamt mit Anträgen auf Modernisierungen, z. B. dem Einbau eines Dampfkessels, Vergrößerungen und Ausbauten mehrfach beschäftigt. Ab 1911 werden die beiden Grundstücke bebaut. Der Bau steht bis in die Jahre des Zweiten Weltkrieges, über das Schicksal des Architekten Friedenthal ist nichts bekannt, Architekt Marcuse wird 1941/42 im Adreßbuch als „im Ausland" geführt. Das Adreßbuch enthält als letzten Eigentümer vor 1945 einen Herrn Lüsmann aus Berlin-Schlachtensee.
Das Gebäude wird im Bombenhagel des Zweiten Weltkrieges zerstört; über Jahrzehnte blieb eine Lücke zwischen Oranienburger und Rosenthaler Straße, zwischen Sparkasse und Buchhandlung.
An der Westseite des Platzes, zwischen Oranienburger Straße und Zwirngraben, liegen die Grundstücke Hackescher Markt 4 und 5, geteilt durch die Neue Promenade – im 18. Jahrhundert Commandantenstraße (oder auch Commendantenstraße) genannt, wie der Name des Platzes auch in Würdigung der Tätigkeit von Stadtkommandant Hacke. Hackescher Markt Nr. 4 (bis 1840 Nummer 9) wirkt wie eingeklemmt von den Häusern Große Präsidentenstraße 10 und Neue Promenade 3. Man kann davon ausgehen, daß

auch diese Seite des Hackeschen Marktes schon unmittelbar nach dem Abbruch der Festungsanlagen bebaut wurde. Wie aus dem Adreßbuch ersichtlich ist, war 1812 ein Sattlermeister Koch Hauseigentümer, der auch die beiden Nachbargebäude besaß.
Über die Mieter in der ersten Periode ist nicht viel bekannt, es werden 1812 genannt der „Stubenmaler" Hollstein, die Bildermalerin Frau Wolf, Tischler Lorenz und die Stickerin Wölfert. 1873 lassen die Eigentümer, die Kaufleute Hermes & Hey, einen Neubau errichten, der noch heute in Teilen steht. Anfang des Jahrhunderts bleibt von den Eigentümern nur noch Rentier Hermes. 1931 übernimmt das Gebäude ein Herr Jansen und 1941 die Victoria-Versicherung. In all diesen Jahrzehnten lassen sich Firmen als Mieter nachweisen wie 1884 die Stroh- und Filzhutfabrik der Gebrüder Demmler, 1887 das Postamt 76, das auch noch 1920 besteht, die Drogerie und das Kräuterhaus Prager/Hertting Nachfolger sowie Erich Rennows Bootsmotoren.

Die Hauseigentümer der Commendantenstraße im Jahre 1801

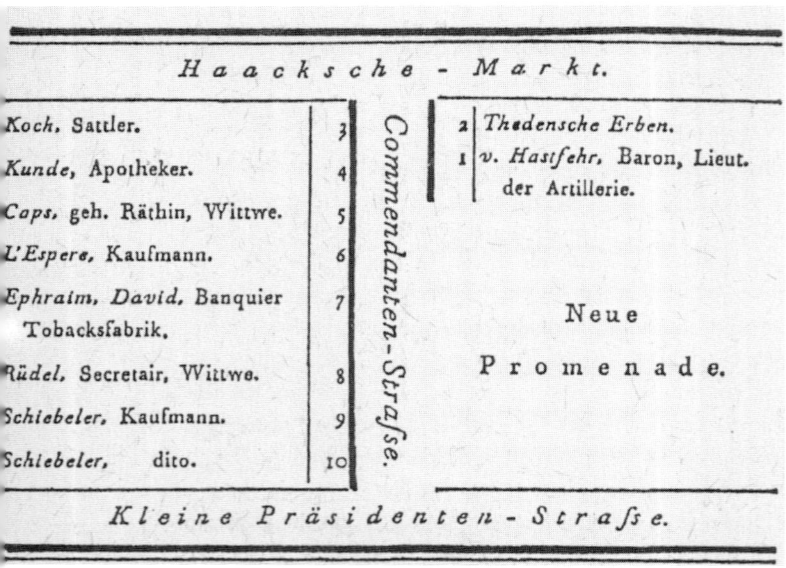

Der Zweite Weltkrieg hinterließ ein total zerstörtes Eckgebäude (Große Präsidentenstraße) und eine reparable Bausubstanz des Hauses Hackescher Markt 4. Wie auf dem Foto aus dem Jahre 1950 zu erkennen ist, gibt es im Erdgeschoß nach dem Krieg noch die Bootsmotorenwerkstatt von Erich Rennow und einen Schreibwarenladen.
Das letzte Grundstück, die Nr. 5, das unmittelbar zur Numerierung Hackescher Markt bis in die Gegenwart gehört, ist das südwestliche Eckgebäude Hackescher Markt und Neue Promenade – heute Grünfläche, also auch im Zweiten Weltkrieg zerbombt. Vor 1840 war es als Nr. 10-11 gekennzeichnet und 1812 im Besitz der Witwe Flückel und eines Herrn Rothe. Herr Krause vertreibt Gärtnerwaren, Herr Heine Colonialwaren, Herr Becker Ellenwaren, Herr J. L. Meyer ist Lotterie-Einnehmer. In der zweiten Hälfte des 19. Jahrhunderts ist das Haus einige Jahre im Besitz der Kaufleute Goebel. Einer der Goebels ist in den achtziger und neunziger Jahren Gemeinde-Waisenrat-Vorsitzender und später sogar Vorsteher des 210. Stadtbezirks. Zum Verständnis sei gesagt, daß ein solcher Bezirk wie der 210. etwa 3.800 Bewohner hatte.
Im Jahre 1897 tritt eine Eigentümerwende ein, die den Namen Aschinger an den Hackeschen Markt bringt. Firma Aschinger eröffnet die 10. Bierquelle und die 13. Konditorei in Berlin. In diesen Jahren läßt sich im Hause eine Filiale der Berliner Zeitung und der Berliner Morgenpost nieder, in den dreißiger Jahren findet sich Hobrechts Tuchgroßhandlung und Versand im Hause. Im Jahre 1941 wird die Stadt Berlin Eigentümer, schließlich zieht das NSDAP-Amt für Volkswohlfahrt ein.
Der Hackesche Markt ist jedoch mehr als nur die fünf bisher vorgestellten Grundstücke. Die Ästhetik des Platzes wird auch geprägt durch die Bebauung der unmittelbar angrenzenden Großen Präsidentenstraße, der Neuen Promenade und des Zwirngrabens, des Eingangs der Oranienburger und der Rosenthaler Straße und der Straße An der Spandauer Brücke sowie der weiteren Nachbarschaft des Monbijouplatzes und der Kleinen Präsidentenstraße.
Angesichts der riesigen Baulücken und der Grünflächen kann man sich heute nur schwer die dichte Blockbebauung

bis in die vierziger Jahre vorstellen. Und doch lebte der Platz, war er im echten Wortsinne ein Markt, ein Handelsplatz, ein Ort des pulsierenden Lebens, das in die Nachbarstraßen hineinfloß.

1812 hieß die Neue Promenade noch Alte Kommandantenstraße, die Umbenennung erfolgte erst 1840. Auch für diese Straße geben die Bauakten und Adreßbücher Auskunft. Die Häuser Nr. 1 und Nr. 2 bildeten die Südseite, die

Der Hackesche Markt 1870, Foto von Hermann Rückwardt, im Mittelpunkt das Gebäude Hackescher Markt 4, links die Neue Promenade, rechts die Ecke Oranienburger und Große Präsidentenstraße

Häuser Nr. 3 bis 10 die Nordseite. Der Bau der S-Bahn ließ die Häuser Nr. 9 und 10 verschwinden, der Zweite Weltkrieg die Häuser 4, 7 und 8. Was ist zu den Besitzverhältnissen des Jahres 1812 zu sagen? Haus Nr. 5 gehörte einem Geheimen Staatsrat, Nr. 4 einem Apotheker, Nr. 1 einem Bäcker und Nr. 3 einem Sattler. Haus Nr. 2, heute Grünfläche an der Haltestelle der Straßenbahn, war schon 1812 Sitz der Destillationsfirma Eichel und Wohnsitz u.a. des Maklers Lohmann, der Malerin Witwe Veithardt, der Witwe des Ephraim Veitel, der Witwe Bernhard, des Rentiers van Halle, der Putzmacherin Witwe Ringler; er beherbergte zu Beginn unseres Jahrhunderts eine Lesehalle, in den zwanziger Jahren das Bierhaus Hackescher Markt mit einem Durchgang zur S-Bahn über das Haus Am Zwirngraben 2 und in den dreißiger Jahren das Café Colombiano. Im noch bestehenden Haus Nr. 3, verbunden mit Hackescher Markt Nr. 4, lebten 1812 der Arzt Warburg, der Lehrer Lindemann, der Schneider I. F. Heinz, die Stickerin Müller. Später finden sich verschiedene Gewerbe und Gewerbeinstitutionen im Haus, so im Jahre 1901 die Berufsgenossenschaft der Lederindustrie, Section I und die der Papiermacher, Section X. In den zwanziger Jahren findet sich die Firma Kantorowicz, Gummi-Mäntel, die Zuschneideschule Krämer, die Pelzhandlung Lehrfeldt, die Herren-Konfektionsfirma Wagner. In den dreißiger Jahren kommen dazu die Herren-Konfektionsfirma Grünspan, die Herren-Konfektionsfirma Wolkowitz. Weiterhin ist im Hause der Jüdische Kreditverein für Handel und Gewerbe e.G.m.b.H. tätig und ab 1930 die Drogerie Prager/Hertting Nachfolger.

Die Häuser Am Zwirngraben 2 und Große Präsidentenstraße 1a, wegen ihrer nur 2 Meter beziehungsweise 2,50 Meter „Breite" auffällig in diesem Gebiet, sind Beispiele für Veränderungen, die über die Jahrzehnte in einer solchen Geschäftsgegend wie dem Hackeschen Markt mit interessanten Bauten vor sich gehen. Um die Jahrhundertwende sind sie noch unscheinbar und eingezwängt von großzügigen Gründerzeitbauten mit üppiger Fassadengestaltung; im Erdgeschoß des Hauses Große Präsidentenstraße 1a, „Schmales Handtuch" genannt, ist der Platz selbst dieser 2,50 Meter durch einen Laden genutzt, in dem ein breites Angebot von „Materialwaren", Obst, Gemüse und Heringe lockt.

Von diesen Häusern hat uns glücklicherweise das Schicksal mehrere verschiedene Fotos hinterlassen, so daß wir den weiteren Gang verfolgen können. Ein Foto aus der Zeit um 1920 zeigt das Haus Am Zwirngraben 2 unmittelbar neben dem Restaurant Hackescher Markt mit einer intakten Fassade, noch irgendwie mit Zeichen von Leben. Aber die Fotos aus den dreißiger Jahren verraten den schleichenden Tod der Häuser, zeigen auch vor dem Zweiten Weltkrieg schon den Niedergang des Gebietes. 1934 scheinen die Fassaden brüchig und das Restaurant im Haus Am Zwirngraben 2 nur noch ein Schatten seines früheren Glanzes. Das Foto aus dem Jahre 1936 zeigt die ganze Tristesse des Verfalls – das Gebäude Große Präsidentenstraße 1a hat eine sterile Fassa-

Hackescher Markt 4 (links) und Große Präsidentenstraße 10 (Eckhaus), kriegszerstört, Aufnahme 1950

de, ein vergitterteres Fenster ohne Tür im Erdgeschoß, keine Simse über den Fenstern, die Fenster scheinen verschmutzt, das Haus wahrscheinlich ungenutzt.
Das Grundstück Neue Promenade Nr. 4 ist seit Jahrzehnten als Trampelpfad zwischen der Oranienburger Straße und der S-Bahn bekannt – zu DDR-Zeiten auch als Standort einer Würstchenbude genutzt. In den Gründerjahren gab es im Hause die Kaffeebrennerei Bader, sehr gut erkennbar die Reklame auf dem Foto von Hermann Rückwardt aus dem Jahre 1871, angebracht an der Fassade des Hauses Hackescher Markt 4. Später wird das Geschäft zur Dampf-Kaffee-Brauerei des Herrn Hugo Hermes. 1897 entstand ein Neubau, der als Geschäftshaus Börse des Eigentümers Wilhelm Haupt die Grundstücke Neue Promenade 4 und Große Präsidentenstraße 9 verband. Das Foto Rückwardts dokumentiert vor allem die Dichte der Bebauung der Neuen Promenade und der Großen Präsidentenstraße. Sehr gut sichtbar sind auch die sogenannten Fleischscharren, umgebaute und umgenutzte Restbauten aus der Festungszeit.
Die Gebäude Neue Promenade 5 und 6, ein Blickfang für den Betrachter vom S-Bahn-Perron oder Ausgang des Bahnhofs in Richtung Norden, fristeten zu DDR-Zeiten ein Schattendasein: triste Fassaden, Läden und auch ein Postamt im Parterre, Dienstleistungen und Wohnungen in den Obergeschossen. In die rekonstruierte und modernisierte Nr. 6 ist vor kurzem der traditionsreiche Aufbau-Verlag gezogen.
Entlang der Neuen Promenade, unter der S-Bahn-Brücke hindurch, ist der Weg frei zum Platz vor dem ehemaligen Schloß Monbijou, im 18. und 19. Jahrhundert genannt „Platz bei Monbijou". Auch dieser Platz war dicht bebaut – 12 Grundstücke waren angelegt. Der Krieg hinterließ nur noch die Häuser Nr. 2, 4 und 12. Die Anlage des schönen Platzes vor dem Hintergrund der Eingangssituation zum Schloß und Park ist erkennbar; die Büste des Poeten und Naturforschers hugenottischer Abstammung Adelbert von Chamisso (1781–1838) trägt dazu bei, sich die historische Kulisse vorstellen zu können. Wenn die Fassaden auch dieser Häuser in den letzten Jahrzehnten an äußerem Glanz verloren; die prächtigen Treppenaufgänge konnten aber doch etwas ahnen lassen vom herrschaftlichen Stil, den die früheren Bewoh-

Das kleinste Haus der Spandauer Vorstadt, Große Präsidentenstraße 1a, das „Schmale Handtuch", Aufnahme vor 1900

Das Haus Am Zwirngraben 2 um 1920

ner, zum Teil Hofbeamte in Verantwortung für das Schloß Monbijou, dem Interieur des Hauses angedeihen ließen.

Der Platz ist von Friedrich Nicolai beschrieben worden. Sein Text ist vor allem der Manchestermanufaktur gewidmet, die auf dem Gelände der heutigen Grundstücke 10 bis 12 lag und damals einem Thomas Hotho aus Westfalen gehörte. Hotho war nicht der Gründer gewesen. König Friedrich II. hatte 1764 im Zuge seiner Wirtschaftsförderung die Textilfabrik für die Kaufleute Laurent, Goiront und Co. auf Kosten des Hofes errichten lassen. Nachdem jene aber die Produktionsziele nicht erreichten, ging die Fabrik an einen Kaufmann Richter und schließlich an Hotho. Nicolai erwähnt, daß der Westfale Hotho schon 1764 eine Manchestermanufaktur in Potsdam errichtet hatte. Hotho und seinem Partner Wölpert gehörten dann auch noch die Grundstücke Monbijouplatz 1 und 2, also die Ecke zur Großen Präsidentenstraße, heute durch Straßenbahngleise begrenzt. Nicht nur Baumwollprodukte, auch Seide wurde am Monbijouplatz hergestellt – Anfang des 19. Jahrhunderts in der Fabrik des Herrn Abraham Friedländer im Hause Nr. 6.

Zwischen der Manchestermanufaktur und dem Schloß Monbijou gab es ein Gäßchen zur Spree mit einer Bootsüberfahrt, im Adreßbuch von 1812 als „Überfahrtsgasse" bezeichnet, deren einziges Gebäude dem Steinmetz Hofacker gehörte.

An den Monbijouplatz schließt sich stadteinwärts die Kleine Präsidentenstraße mit jeweils drei Häusern auf jeder Straßenseite an, wie die Große Präsidentenstraße nach dem Stadt- und Polizeipräsidenten Berlins Karl David von Kircheisen (1704–1770) benannt. Die Straße führte über die damalige Herkulesbrücke, die Burgstraße als ihre Weiterführung mündete in der Höhe der heutigen Friedrichsbrücke in die Neue Friedrichstraße, heute Burgstraße. Auch in der Kleinen Präsidentenstraße gibt es um 1812 eine Baumwollfabrik, gemäß Adreßbuch die der Herren Mathis und Laspeyres in der Nr. 6/7. An Gewerbe finden sich weiterhin in der Nr. 4 die Bleiweißherstellerin Witwe Elge, gleichzeitig Herstellerin von Bleischrot und Bleiplatten und auch noch Hausbesitzerin, der Fischbeinhersteller Flesch, der Getreidehändler Grabow, der Musikinstrumentenmacher Gabler und der Tischler

Weinert; in der Nr. 3 die Destillation des Herrn Kummerow, das Schreibbüro des Herrn Fischer, in der Nr. 7 der Graveur Stöckel, in der Nr. 1 die Obsthandlung der Witwe Philipp, in der Nr. 2 verkauft J.F. Guckenberger Semmeln und Branntwein, und es gibt dort die Schulanstalt des Herrn G.W. Bruère.
Friedrich Nicolai schreibt, daß man von der Rückseite der Häuser der Alten Kommandantenstraße und wahrscheinlich auch von der Herkulesbrücke und der Kleinen Präsidentenstraße freie Sicht auf die Gärten der Häuser der Neuen Friedrichstraße jenseits des Festungsgrabens und auf die Garnisonkirche hatte. Die Garnisonkirche stand schon, als General Graf von Hacke die Weisungen zum Abtragen der Festunganlage und zur Schaffung des Marktes und der Straßen gab. Die Kirche hatte sogar schon einen Abbruch und vollständigen Neubau hinter sich, da sie ein Opfer der „Zerspringung" des alten Pulverturms am Spandauer Tor im Jahre 1720 geworden war.
Versetzen wir uns ins 19. Jahrhundert, kehren über die Herkulesbrücke in die Spandauer Vorstadt zurück und wenden uns nach dem Passieren der damaligen Kommandantenstraße nach rechts in die Große Präsidentenstraße. Heute ist von der Straße nichts zu sehen außer Straßenbahnen und Brandmauern. Vom Monbijouplatz kommend, hätten wir früher drei Häuser auf der linken und sieben Häuser auf der rechten Straßenseite erkannt.
Die etwas verwinkelte Lage der Straßen um den Hackeschen Markt zueinander brachte es mit sich, daß benachbarte Grundstücke zusammengelegt wurden, auch wenn sie unterschiedlichen Straßenläufen zugehörten. Das betraf die Flächen Kleine Präsidentenstraße 3 und Große Präsidentenstraße 4, Große Präsidentenstraße 5 und Neue Promenade 8, Große Präsidentenstraße 9 und Neue Promenade 4, Neue Promenade 2 und Zwirngraben 2, Neue Promenade 1 und Zwirngraben 1 sowie die Dreierverbindung Große Präsidentenstraße 10, Hackescher Markt 4 und Neue Promenade 3. Durch diese Zusammenlegungen entstanden verbundene Gaststätten, Wirtschaftshöfe und an den Straßenecken günstigere Geschäftsräume. Von diesen großräumigen Komplexen sind nur zwei geblieben, wenn auch als

Das „Schmale Handtuch", Große Präsidentenstraße 1a, 1936

Dreierverbund an der Westseite des Hackeschen Marktes nicht in seiner ursprünglichen Gestalt.
Von den Gebäuden der Begrenzungsstraßen des Hackeschen Marktes sind aufgrund kommerzieller, personalgeschichtlicher oder bauhistorischer Bezüge von Bedeutung das Eckhaus Neue Promenade 1/Am Zwirngraben 1, An der Spandauer Brücke 8, Eckhaus Neue Promenade/Kleine Präsidentenstraße.

Die Baulücke Neue Promenade 4 mit dem Durchgang zur Großen Präsidentenstraße 9 in den siebziger Jahren

Hackescher Markt, Ecke Neue Promenade. Links das Haus Hackescher Markt 5, rechts daneben Neue Promenade 1 und 2. Interessant die Dachfiguren auf dem mittleren Gebäude

Bleibt die Straße An der Spandauer Brücke, die sich von der Neuen Friedrichstraße, nach dem Zweiten Weltkrieg Littenstraße und seit dem Jahre 1978 an dieser Stelle Burgstraße genannt, bis zum Hackeschen Markt erstreckt, damit die S-Bahn-Brücke als Verlängerung der Rosenthaler Straße unterquerend. Unmittelbar am Hackeschen Markt befanden sich auf der dem Markt zugewandten Seite die Häuser 8 und 9, auf der Seite in Richtung Alexanderplatz die Häuser 4–7. Jenseits der S-Bahn lagen die Grundstücke 1–2 und 10–16, heute durch die Umgestaltung der Straßenecke an der ehemaligen Garnisonkirche nicht mehr vorhanden.
Die Freiflächen an der Spandauer Brücke geben Anlaß zu einer historischen Reminiszenz. Blickt man gegenwärtig vom S-Bahnhof Hackescher Markt über die noch nicht bebauten Grundstücke der Ecke Dircksenstraße/An der Spandauer Brücke hinweg auf die Rückseiten der Häuser der Neuen Schönhauser und Münzstraße, ist der Platz zu ahnen, auf dem das Haus Münzstraße 4 im Jahre 1800 stand. Dieses Haus war Eigentum eines Offiziers der Berliner Garnison – des General-Lieutnants von Kunheim. Und dieser Kunheim war, wie wir wissen, nach Winterfeldt und Kalkreuth ab 1792 Nachfolger des Grafen von Hacke im Kommando des Infanterie-Regiments Nr. 1. Das Regiment hatte seine Exerzier- und Wachplätze zur Sommerszeit auf der Contre-

Alte Berliner Garnisonkirche, Kupferstich aus „Historische Nachricht ..." von Johann Friedrich Walther, Berlin 1737

Escarpe, also in der Nähe des heutigen Alexanderplatzes, im Winter im Exerzierhaus in der Schützenstraße. General von Kunheim hatte also kurze Wege. Die Wohnungen der Offiziere der Berliner Garnison lagen aus Gründen der Annehmlichkeit übrigens meist in der Nähe der Kasernen, so daß sich z.B. im Jahre 1800 im Umfeld des Hackeschen Marktes vorwiegend Offiziere der Regimenter von Kunheim, von Winning, von Merkats, von Tempelhoff, der Grenadierbataillone von Kleist und von Walther & Croneck, teilweise des Regiments Gens d'Armes sowie der Pontonierkompanie ihre Mietwohnung suchten. Überliefert ist auch aus demselben Jahr, daß höhere Offiziere der Berliner Garnison

Schloß Monbijou, das barocke Kleinod der Spandauer Vorstadt, Aufnahme vor 1914

selbst Hausbesitzer in der Spandauer Vorstadt waren: neben dem General von Kunheim der Oberst Prosch, Kommandeur des Reitenden Artillerie-Corps (Neue Schönhauser Straße 18), der Seconde Capitain von Eichstädt vom 3. Feld-Artillerie-Regiment (Große Hamburger Straße 31), der Major Wille vom 1. Feld-Artillerie-Regiment (Linienstraße 138), vom gleichen Regiment der Seconde Capitain von Meerkatz (Oranienburger Straße 75), der Premier Lieutnant Alckier (Linienstraße 178), der Premier Capitain von Stockhausen (Oranienburger Straße 46).

Herrschaftlicher Treppenaufgang Monbijouplatz 4

Von biografischem Interesse ist die auch aus dem Adreßbuch von 1800 ablesbare Tatsache, daß zu den Offizieren der Berliner Garnison, die außerhalb der Spandauer Vorstadt über ein eigenes Haus verfügen, ein Premier-Lieutnant von Hacke gehört, der beim edelsten der Berliner Regimenter, dem der Gens d'Armes, dient. Es ist das Palais in der Klosterstraße Nr. 36, aber aus Familiengründen der Mutter, der Frau Gräfin Antoinette von Hacke, zugeschrieben. Bei nämlichem Premier-Lieutnant im Regiment Gens d'Armes handelt es sich um den Enkel des Namensgebers des Marktes, den Grafen Gustav von Hacke, der 1838 als Generalleutnant und Stadtkommandant von Magdeburg stirbt. Das ist um so bemerkenswerter, als Graf Gustav durch Friedrich II. fast um seine militärische Karriere gebracht worden wäre. Im Familienarchiv der Hackes liegen mehrere Briefe des Königs, in denen der Eintritt von Mitgliedern des gräflichen Hauses der Hacke in das Garderegiment Gens d'Armes aus Gründen der militärischen Disziplin nicht gestattet wird. Deutlich der Ton des Königs im Schreiben an den Vater des jungen Gustav: „Ich muß euch aber sagen, daß ich schon längst befohlen, sie sollen keine Grafen mehr annehmen, denn wenn sie ein oder zwei Jahre gedient, gehen sie wieder zu Hause und es ist nur lauter Windbeutelei mit ihnen ... P.S. Junge Grafen, die nichts lernen, sind Ignoranten ... Im Fall nun einmahl ein Wunder geschehen, und aus einem Grafen etwas werden, und er der Welt und seinem Vaterlande etwas nutze werden sollte; so muß er sich auf Titels und Geburth nichts einbilden, denn das sind nur Narrens Poßen; sondern es kommt allezeit auf sein Merite personel an." Als König Friedrich 1786 starb, war Gustavs wie auch seines Bruders Eintritt in das Garderegiment nicht mehr zu verhindern, weil Friedrich Wilhelm II. auch in diesem Falle nicht die Rigorosität seines Vorgängers besaß.
Doch zurück zu den Offizieren, die unmittelbar am Hackeschen Markt zur Miete wohnten: der Regimentskomman-

deur Generalmajor von Winning im Hause Rosenthaler Straße 44, der Premier Capitain von Strampf am Hackeschen Markt 11, der Generalstabs-Chirug Görcke am Hackeschen Markt 2, der Premier-Lieutnant Lehmann in der Großen Präsidentenstraße 3, der Premier-Lieutnant Wilckins in der Commandantenstraße 10.

Die Straße An der Spandauer Brücke ist 1781 von Johann Georg Rosenberg auf dem bekannten Stich dargestellt worden - mit der ursprünglichen Bebauung der dreigeschossigen Bürgerhäuser, rechts das Haus Nr. 2 sogar mit hervorspringender Fassadengestaltung und Markisen. Kunsthistorisch ist von Interesse, daß Rosenberg mit den beiden,

Johann Georg Rosenberg, Ansicht des Hackeschen Marktes mit Blick zur Sophienkirche, 1781. Im Vordergrund die Straße An der Spandauer Brücke, links die Häuser 3 und 4, rechts die Nummern 1 und 2

jeweils auf eine Kirche ausgerichteten, entgegengesetzten Ansichten zum Hackeschen Markt etwas wiederholt hat, was er 1776 mit zwei ebenfalls entgegengesetzten Ansichten aus der Mauerstraße schon einmal praktizierte; Jacob Philipp Hackert war jener Maler, der im Jahre 1761 mit zwei diametralen Ansichten vom Goldfischteich im Tiergarten dieses Darstellungsverfahren in Berlin eingeführt hatte. Interessant die vier Stufen vor der Haustür, daneben einer

Ruinen in der Straße An der Spandauer Brücke, Aufnahme 1947

der für die Spandauer Vorstadt typischen Kellerzugänge an Geschäfts- und Wohnhäusern. Die Stufen an der Tür spielen einige Jahre später eine Rolle bei einer Auseinandersetzung von Hausbesitzern mit den Behörden. Neben den schon erwähnten Disputen des Herrn Fölsing mit den Behörden über die Treppen vor dem Haus Hackescher Markt 7, später Nr. 2, ist aus den Bauakten ein weiterer Fall ausführlichst herauszulesen. Es handelt sich um das Haus An der Spandauer Brücke Nr. 8, das im Jahre 1880 dem Herrn E. Knopfe, Hofschlosser Seiner Königlichen Hoheit, des Kronprinzen, gehörte. Es ist dasselbe Grundstück, das auf dem Stich Rosenbergs links hinter der Brücke zu sehen ist und damals noch unbebaut war. Knopfe hatte am 8. Mai 1880 einen Bauerlaubnisschein betreffend des Bürgersteigs beantragt. Zehn Monate später wird amtlich bestätigt: „Hierdurch wird gehorsamst angezeigt, daß der Bürgersteig Spandauer Brükke 8 Eigenthümer Knopfe gehörig in Folge Umbaus vorschriftsmäßig reguliert ist. Das Abnahme-Attest wird gehorsamst eingefügt. Die 5te Stadt. Bau-Inspektion". Einige Jahre später ist eine Frau Pauline Knopfe Eigentümerin und beantragt im Jahre 1890 unter Beilegung einer Zeichnung die „Einrichtung eines photographischen Ateliers nebst Arbeitsraum und Anlage einer Verbindungstreppe im III. Stock des Hauses Spandauer Brücke 8". Örtliche Straßenbau-Polizei-Verwaltung, Abtheilung I. und Königliches Polizei-Präsidium brauchen vier Monate zur Entscheidungsfindung. Mit Bauschein Nr. 570 des Königl. Polizei-Präsidium, III. Abtheilung wird die polizeiliche Genehmigung erteilt, ein photographisches Atelier und einen Arbeitsraum im Dachgeschoss des Vorderhauses einrichten zu lassen.
Am 31. Dezember des Jahres 1913 ein neuerlicher Einzelbericht im Tiefbauamt: Im Verkehrsinteresse sind an den Bürgersteigen vor dem Grundstück Spandauer Brücke 8 die umseitig aufgeführten Arbeiten notwendig. Eigenthümer des Grundstücks ist: Knopfe'sche Erben, O. Knopfe Kaufmann. Die Plattenbahn ist in 0,50 Meter Entfernung von der Hinterkante der Bordschwellen zu verlegen usw. Ein Magistratsbaurat hat unterschrieben. Am 2. April des Jahres 1914 ein Brief des Herrn Knopfe: An die Städt. Polizei-Verwaltung, Abteilung I. Bezüglich der Bürgersteigregu-

Zwischen Hackeschem Markt und Garnisonkirche waren Gärten und Grünflächen eine Oase im Großstadttrubel

lierung vor dem Grundstück Spandauer Brücke 8 bitte ich um vorläufigen Dispens. Für dieses und die Nachbargrundstücke sind Baufluchtlinien festgelegt und würde bei einem eventuellen Neubau, der in nicht allzu ferner Zeit wohl stattfinden wird, der jetzige Bürgersteig in fast seiner ganzen Breite fortfallen. Hochachtend Paul Knopfe. Auf der Rückseite des Schreibens die Antwort des Amtes: 8. April 1914: Der Antrag kann nicht befürwortet werden, da die Vorausetzungen des § 10 Abs. 4 in vollstem Umfange zutreffen. Der Abbruch des Gebäudes wird anscheinend in

Hutgeschäft Feiler. An der Spandauer Brücke 16, um 1915

absehbarer Zeit nicht erfolgen, da z.B. die Asch nger-Gesellschaft auf dem neben liegenden Grundstück Ecke Neue Promenade noch jetzt mit Genehmigung der Tiefbau-Deputation einen sehr erheblichen Umbau vornehmen läßt. Die Deputation hätte sich bei einem bald erfolgten Abriß sicher nicht mit dem Projekt einverstanden erklärt.
Knopfe läßt nicht locker, er beabsichtigt, Kunststeinplatten zu verlegen. Die Kunst-Steinfliesen-Vereinigung GmbH Unter den Linden 39 wird ersucht, der Städt. Polizei-Verwaltung, Abteilung I dies Gesuch zwecks Genehmigung, unter Namhaftmachung des die Platten liefernden Werkes, weiterzugeben. Die Ausführung habe ich dem Steir metzmeister Richard Schönwetter, Berlin W, Pallasstr. 10/11, übertragen. Mit neuem Stempel vom 17. Juni 1914: Kunstgranitplatten werden geliefert von Gebr. Friesecke Kunstste nwerke Berlin. Der Kunstfliesen-Verein GmbH.
1914, am 27. Juni und 9. Juli bittet Schönwetter um eine Abnahmebescheinigung, am 16. Juli um Beantwortung jener 2 Schreiben, um am 31. Juli das nächste mit der Bitte um eine Abnahmebescheinigung folgen zu lassen.

Auch am Hackeschen Markt hatten sich die Kaiserlich-Königlichen Hoflieferanten ihre Geschäfte gesucht

Das Haus Burgstraße 30 lag unmittelbar am spreeseitigen Ausgang des S-Bahnhofs Börse

1914, 20. Juli: Städtische Polizei-Verwaltung, Abteilung I. Mängelauflistung: neue Stufen ragen 45 bzw. 49 cm in den nur 3,26 Meter breiten Bürgersteig, erlaubt sind aber nur 20 cm; der Vorschlag an den Eigentümer, die Stufen nach hinten zu verlegen. Er hat jedoch, obwohl er auf das Unzulässige hingewiesen wurde, die neuen Stufen angelegt, die den Verkehr sowohl als auch die Verlegung von Röhren und Kabelleitungen beeinträchtigen. 1914, 14. August: Zwangsvollstreckung angedroht, 30 Mark Pfändung, nur abzuwenden, wenn binnen 3 Wochen bezahlt wird.
1914, 13. August: Eigentümer verweist auf den Umstand, daß nach dem Buchstaben des Gesetzes die Stufen vor den Läden nicht zulässig sind; aber: durch Tieferlegen des Bürgersteigpflasters um 16 cm war der Zugang zu den Läden beinahe unmöglich; da nun nicht selbst verschuldet und Umbau sehr teuer, Bitte, alles vorerst so zu belassen. 1914, 18. September: Stadt. Tiefbau-Deputation. Die Knopfe'schen Erben haben sich bereit erklärt, für die Benutzung des städtischen Straßenlandes eine jährliche Anerkennungsgebühr von 3 Mark zu zahlen.
Soweit die Treppengeschichten. Wir könnten das Haus An der Spandauer Brücke verlassen - wäre nicht die Erinnerung an eine Episode der jüdischen Geschichte Berlins, die mit diesem Haus verknüpft ist. Aber da greifen wir schon vor.
Ende des 19., Anfang des 20. Jahrhunderts war diese Straße eine Flaniermeile; diesseits und jenseits der S-Bahn waren Läden, Cafés, Konditoreien, Restaurants, Bierstuben. In den S-Bahnbögen gab es neben solchen Einrichtungen auch eine Brauerei, die ihr Bier direkt auschenkte. Man nannte das: „Wirtshaus in den Stadtbahnbögen".

Reste vergangener Schönheit in einem Treppenhaus der Neuen Promenade, Aufnahme aus dem Jahre 1975

Von Brücken und Bahnen

Die Anlage des Hackeschen Marktes war auch an die natürlichen Bedingungen des Wassers gebunden. Der außerhalb der Festungsmauern verlaufende Festungsgraben hatte nach Aussage Nicolais hier eine Breite von 142 Fuß, also zwischen 45 und 50 Meter. Da dieser Graben nicht sofort nach Abtragen der Wälle verschüttet wurde, stellte sich um 1750 die Notwendigkeit des Baus von zwei Brücken, um den Verkehr zwischen Rosenthaler und Neuer Friedrichstraße als auch zwischen Monbijouplatz, Burgstraße und Lustgarten über den Graben zu führen.

Als direkte Verlängerung der Spandauer Straße wie im Mittelalter konnte die Spandauer Brücke nicht angelegt werden, da der Weg über den Festungsgraben jetzt etwa 150 Meter östlicher als das ehemalige Spandauer Tor liegt.

Friedrich Nicolai hatte bewundernde Worte für den Bau: „Diese Brücke ward 1785, nachdem der Graben verengert

Das Spandauer Tor in der mittelalterlichen Befestigungsanlage

worden, auf königliche Kosten steinern erbauet. Der Bogen ist von Rothenburger und die Seiten nebst dem Brustgeländer von weißem Magdeburger Sandsteine. Die Zeichnung und der Bau ist von Unger. Auf dem Brustgeländer sind sechs große und vier Kindergruppen, gezeichnet vom Direktor Rode und gearbeitet von dem jüngeren Meyer, Bettkober und Schulze."

Hier ist der Platz, vom Hofbaurat Unger zu sprechen, der von allen bedeutenden Architekten und Stadtplanern des Spätbarock und Klassizismus am stärksten seine Handschrift in der Spandauer Vorstadt hinterlassen hatte. Georg Christian Unger (geboren 1743 in Bayreuth, gestorben 1799 in Berlin) kam 1763 nach Potsdam und arbeitete mit seinem Lehrer Carl Gontard (1731–1791) seit 1765 in Berlin und Potsdam zusammen. 1787 wurde Unger Oberhofbaurat und 1788 Direktor der Immediatbaukommission, damit zuständig für diejenigen öffentlichen Bauten, die unmittelbar auf königliche Weisung errichtet wurden. Er führte die Entwürfe Gontards für den Bau der Türme des Deutschen Domes und der Französischen Kirche am Gendarmenmarkt sowie für das Rosenthaler Tor als Baumeister aus. Nach Ungers Entwurf wurden u.a. die Königliche Bibliothek (die Kommode) und das Hamburger Tor erbaut. Von den Bauten Ungers in der Spandauer Vorstadt ist das Haus Neue Schönhauser Straße 8 erhalten.

Als Direktor der Immediatbaukommission war Unger an der Gestaltung und am Bau der Häuser am Hackeschen Markt persönlich beteiligt. Die Entwürfe für die Spandauer Brücke sind in diesem Zusammenhang als künstlerische Abrundung der Pläne Ungers für den Hackeschen Markt zu verstehen.

Im Zuge des Baus der S-Bahn wurde die Spandauer Brücke in den achtziger Jahren des 19. Jahrhunderts abgetragen.

Dort, wo heute die S-Bahn-Überführung das Dreieck Kleine Präsidentenstraße, Neue Promenade und Burgstraße kreuzt, stand bis vor etwa 120 Jahren die Herkulesbrücke, ebenfalls nach dem Abtragen der Festungsanlage 1750 über dem westlichen Ende des Festungsgrabens erbaut. Sie wurde zuerst als „Neue Friedrichsbrücke bei Monbijou" genannt, so auf dem Plan von C. L. Oesfeld von 1789. Am Entstehen einer neuen Brücke über den Festungsgraben an dieser Stelle sollen, so hat es der historische Hofklatsch überliefert, Rücksichten auf die Königinmutter eine Rolle gespielt haben, deren Wohnsitz das Schloß Monbijou war. Schon im Jahre 1860 beklagte der Historiker Friedrich Holtze in seiner Untersuchung über Bau und Abriß der Festung Berlins, daß einer der großen Mängel der Stadtplanung in der zweiten Hälfte des 18. Jahrhunderts die ungenügende Zahl der Brücken über den nördlichen Festungsgraben war, daß zu den vorhandenen drei Brücken (Stralauer-, Königs- und

Detail am Haus Neue Schönhauser Straße 8

Spandauer Brücke) nur eine zusätzliche, eben die Herkulesbrücke, entstand.
Bei der Beschreibung dieser Brücke folgen wir auch wieder Friedrich Nicolai: „Die von Berlin aus durch die Präsidentenstraße zum Schlosse führende Monbijoubrücke ward 1790 von Langhans massiv aufgeführt, und hat auf dem Brustgeländer, außer vier Statuen mit Laternen, zwei große steinerne Gruppen, wovon die eine den Herkules im Streite mit dem Centauren Nessus, die andere denselben im Begriffe den Nemäischen Löwen zu zerrreißen, vorstellt, daher man auch die Brücke die Herculesbrücke nennt.".
Die steinerne Ausführung der Brücke in den Jahren 1788 trug die Handschrift des klassizistischen Architekten Carl Gotthard Langhans (1732–1808). Langhans, gerade aus Schlesien nach Berlin übergesiedelt, übernahm nach der Gründung des Oberhofbauamtes im Jahre 1788 diese Be-

Burgstraße mit Herkulesbrücke, um 1860, Lithographie nach einer Zeichnung von F. Hitzig

Einfahrt zum Landsitz Steinhöfel, Aquatinta von Johann Gottlob Schumann nach Friedrich Gilly, um 1799

hörde als Direktor, wurde gleichzeitig zum Geheimen Kriegsrat ernannt und in die Gründungskommission der Bauakademie berufen. Von seinen Berliner Bauten sind am bekanntesten das Brandenburger Tor, die Kolonnaden in der Mohrenstraße, das Nationaltheater am Gendarmenmarkt sowie der Umbau des Opernhauses unter den Linden.

Langhans entwarf die Herkulesbrücke nach einem Stich Piranesis mit kräftigem Mittelpfeiler, um die Tragkraft zu erhöhen. Die Brücke trug Schmuckfiguren aus der Schadow-Werkstatt – als Mittelfiguren zweimal den kämpfenden Herkules, wie von Nicolai beschrieben. Die Kampfszene mit dem Zentauren Nessus war eine auf Anweisung des Ober-

Herkulesfigur im Köllnischen Park

hofbauamtes durch Johann Gottfried Schadow (1764–1850) im Jahre 1792 angefertigte Kopie der Gruppe von Giovanni da Bologna in Florenz. Schadow hatte die Komposition abwandelt und den Auftrag gegen Konkurrenz aus Rom erhalten. Die Gruppe auf der anderen Brückenseite mit dem Nemeischen Löwen wurde von Conrad Nicolaus Boy (1753–93) ebenfalls im Jahre 1792 ausgeführt. Die Plastik steht heute im Köllnischen Park am Märkischen Museum, während die Arbeit Schadows als verschollen gilt. Schadow hatte auch die vier Sphingen an den Brückenzugängen geschaffen, deren Originale ebenfalls verschollen sind. Zwei der Kopien aus der Werkstatt Schadows sind allerdings an der Toreinfahrt zum Gutshaus von Steinhöfel im Landkreis Oder-Spree, in der Nähe von Fürstenwalde, heute noch zu bewundern.
Die Mittelgruppen und die Sphingen der Herkulesbrücke waren beim Abbruch der Brücke im Jahre 1890 auf die damals neugebaute Albrechtshofer Brücke über den Landwehrkanal am Lützowplatz gesetzt, die dadurch den Namen Herkulesbrücke übernahm. Im Zweiten Weltkrieg wurde die Brücke wie die umgebende Bebauung durch Bomben zerstört. Während eine der beiden Mittelfiguren in den Grünanlagen des Märkischen Museums steht, gibt es vom verschollenen Herkules, der mit dem Zentauren kämpft und ihn schließlich tötet, eine Bleistiftskizze von Adolph Menzel. Menzel hatte die Absicht, diese Zeichnung in den mit Kugler herausgegebenen Illustrationsband über Friedrich II. einzusetzen, hatte sie aber nicht verwendet.

Die Stadtbahn

Wenn schon bei der Planung von Brücken die strategische Bedeutung der Spandauer Vorstadt für die Entwicklung der Großstadt und des Großraums Berlin Ende des 18. Jahrhunderts durch den Hof und die Militärs unterschätzt wurde, konnte man doch von der Verkehrsplanung des 19. Jahrhunderts allgemein eine bessere Einschätzung erwarten.

Adolph Menzel, Herkules tötet den Zentauren

Architekten und Stadtplaner wie August Orth (1828–1901) waren bemüht, weiträumige Lösungen für die Verkehrswege aus dem Stadtzentrum zur Peripherie der Stadt und zum Umland zu entwickeln und zur Entscheidung vorzulegen. In der „Denkschrift über eine Reorganisation der Stadt Berlin", Berlin 1873, schreibt Orth: „Es ist der Verkehr der Rosenthaler- und Schönhauserstrasse sehr bedeutend und kann ihn die enge Communikation über die Herkules- und die Neue Friedrichsbrücke kaum noch fassen". Er schlägt eine Kaiser-Wilhelm-Straße vor, beginnend an der Spree, an der damaligen Cavalierbrücke in Richtung des heutigen Rosa-Luxemburg-Platzes, kreuzend die Spandauer, die Kloster-, die Neue Friedrichs- und die Münzstraße. Dieser Vorschlag wurde in den achtziger und neuziger Jahren teilweise realisiert – der Bezug zur Verkehrssituation am Hackeschen Markt liegt auf der Hand. Der Hackesche Markt als Verkehrsknotenpunkt zwischen Alexanderplatz und Friedrichstraße ist mit der Person des Stadt- und Verkehrsplaners August

Bau der S-Bahn, zeitgenössische Postkarte

Orth auch in einer zweiten Hinsicht verknüpft – gilt doch Orth als geistiger Vater der Stadtbahn. Der trotz starker Kriegsschäden erhaltene S-Bahnhof „Hackescher Markt", früher „Börse", zieht die Blicke der Touristen, der Tagespendler, der Besucher von abendlichen Kulturveranstaltungen wie wenige Verkehrsbauten des Bezirkes Mitte an. Dieser Bau kann als Vermächtnis August Orths verstanden werden, obwohl der weder an der konkreten Planung des Bahnhofs noch des Verlaufs der Trasse an diesem Abschnitt entscheidenden Anteil hatte.

Orth hatte 1871 den Bau einer die Innenstadt durchquerenden Stadtbahn angeregt; dabei sprach er sich gegen das viel diskutierte Projekt eines Zentralbahnhofes aus, sondern für eine die Stadt durchschneidende „Centralbahn", die „gewissermaßen eine große Centralstation mit zahlreichen Stellen" ist, und eine bessere Entlastung in der Verteilung darstellt; ihre Hauptaufgabe sah er im Lokalverkehr begründet und der Erschließung des Berliner Umlandes zur Schaffung preiswerter Wohnungen auf den noch billigen Ländereien außerhalb der bereits dicht bebauten Innenstadt. Die Berücksichtigung einer Stadtbahnstation im Bereich des Hackeschen Marktes war einfach zwingend: zwischen Friedrichstraße und Alexanderplatz schien der geeignete Ort für eine solche Station zu liegen. Der Standort der Börse in der benachbarten Burgstraße mag diese Entscheidung noch forciert haben.

Im August 1877 hatte der Berliner Architektenverein in seiner Monatskonkurrenz sich dem Thema „Haltestelle der Stadtbahn" gewidmet. Der Verein wollte ein Zeichen setzen – jede Station der neuen S-Bahn-Strecke sollte ein individuelles Profil erhalten, eine schematische Lösung auf alle Fälle vermieden werden.

1878 wurde von der Direktion der Stadteisenbahngesellschaft für die Fassade des Bahnhofs Börse ein Wettbewerb (ausgesetzter Preis für den Gewinner: 500 Mark) gestartet. Die „Deutsche Bauzeitung" fühlte sich wohl aus verschiedenen Gründen genötigt, in ihrer Ausgabe vom 14. August 1878 darauf hinzuweisen, daß es um die Ästhetik des Baus, nicht um technische Lösungen gehe. Man wolle der preußischen Regierung durch eine hohe Beteiligung am Wettbewerb und

Entwurf für den Bahnhof Börse

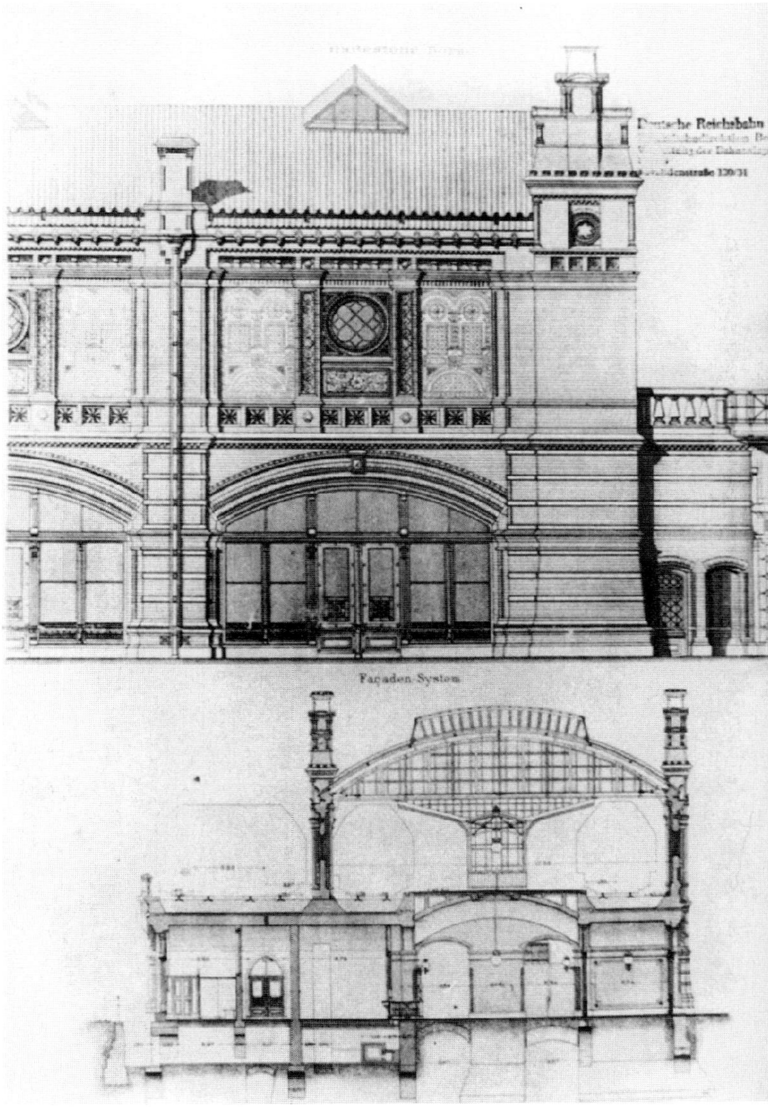

durch einen Erfolg der Konkurrenz zeigen, daß die künstlerische Seite des Baus der Berliner S-Bahn nach starker Kritik an den bisherigen Planungen allgemeines Anliegen sein müßte. Insbesondere solle die künstlerische Behandlung des Eisen-Fachwerkbaus durch diesen Wettbewerb einen Auftrieb erhalten. „Die Grundrissgestaltung des Bauwerks", schreibt die Zeitung, „ja selbst das konstruktive Gerippe in seinen Hauptzügen, sind durch das Bedürfnis bereits so weit fest gestellt, dass der Ingenieur dem Architekten in dieser Beziehung nur sehr geringe Konzessionen zu machen im

Bahnhof Alexanderplatz mit den Königskolonnaden, 1910

Stande ist und die Leistung des letzteren sich fast nur auf Wahl der Verhältnisse, charakteristische Detaillirung und dekorative Durchbildung des Bauwerks zu beschränken hat. Es ist dies wenig, aber doch wiederum viel, wenn man bedenkt, an welcher hervorragenden Stelle das Gebäude errichtet werden soll und welche geradezu Epoche machende Bedeutung eine glückliche Lösung des Problems als Vorbild für einen wichtigen Zweig unseres modernen Bauwesens sich erringen kann."

Für den Wettbewerb bildete der Architektenverein die Jury;

Hackescher Markt mit Pferdeomnibus, um 1890. Links Hackescher Markt 4, rechts Einmündung der Oranienburger Straße

sie wählte als Sieger Johannes Vollmer (1845–1920), der Assistent und ab 1885 Professor an der Technischen Hochschule Charlottenburg war. Vollmer erhielt auch den Auftrag für den Bau des Bahnhofs Friedrichstraße und wurde später zum Hauptverteter des protestantischen Kirchenbaus des ausgehenden 19. Jahrhunderts in Berlin.
Der Bau der S-Bahnstation Börse wurde 1878 begonnen und mit der feierlichen Eröffnung der Berliner Stadtbahn am 7. Februar 1882 in Betrieb genommen. Die Fassade besticht durch ihre Gestaltung mit farbigen Ziegelornamenten, in ihrer Gliederung dem Viadukt der Trasse folgend. Während der Vollmersche Bau der Station Friedrichstraße durch mehrere Umbauten heute nicht mehr erkennbar ist und auch der ähnlich gestaltete Bahnhof Alexanderplatz - Ausführung Johann Eduard Jacobsthal (1839–1902) - seine historische Form verloren hat, kann man heute das Original des Bahnhofs Börse bewundern. Bestechend die Verbindung der stark profilierten Flachbögen des Unterbaus mit den dreiteiligen Fassadenfeldern, deren Brüstung und Pilastergliederung und deren zierlichem Rundfenster.
Die S-Bahnstation wurde 1951 umbenannt in Marx-Engels-Platz nach dem Ende 1950 erfolgten Abriß des Berliner Schlosses und der Umbenennung des entstandenen Aufmarschgebietes an seiner Stelle in Marx-Engels-Platz. Nach der Wende wurde der S-Bahnhof im Sommer 1992 in „Hackescher Markt" umbenannt, nun zum ersten Mal nach einem „Objekt" in unmittelbarer Nachbarschaft der Station. Das Gebäude war schon 1974 auf die Bezirksdenkmalliste gesetzt und in Vorbereitung der 750-Jahr-Feierlichkeiten der Stadt Berlin 1986 durch Bauarbeiter des VEB Bau Gera-

Bahnhof Börse, 1882, zeitgenössische Zeichnung

Land und Fachleuten des Instituts für Denkmalpflege restauriert worden. Die Formziegel waren im Ziegelwerk Großräschen zum Teil von Hand gefertigt, das Aufsichtsgebäude nach historischem Vorbild erneuert worden. Auch eine Gaststätte war geplant, die aber nicht mehr zu DDR-Zeiten realisiert wurde.

Es hatte auch ein Projekt eines Zentralen Personenbahnhofs am Monbijouplatz gegeben, das aber nicht umgesetzt wurde. Es stammt aus dem Atelier des Architekten Georg Ernst Friedrich Neuhaus (1797–1876), der als Vater der Berlin-Stettiner Eisenbahn, der ersten längeren deutschen Eisenbahnstrecke (1840–1843), anzusehen ist. Neuhaus entwarf auch die heute nach längerer Rekonstruktion wieder als Kunsthalle genutzte Empfangshalle für den Hamburger Bahnhof in der Invalidenstraße (gebaut in Zusammenarbeit mit Ferdinand Wilhelm Holz, 1845–1847). Das Projekt eines Zentralbahnhofs für Berlin scheiterte an der Kurzsichtigkeit der Behörden der Hauptstadt, wo es nicht nur Widerstände dieser Art gab, sondern auch wirkungsvolle Einsprüche eines konservativen, nahezu allmächtigen Polizeipräsidenten ge-

Palais Itzig in der Burgstraße, Aufnahme F. A. Schwartz

gen die dampfbetriebene Eisenbahn fast zur jahrelangen Verschiebung von Eisenbahnverbindungen im Lokalverkehr zugunsten des Pferdeomibusses geführt hatten. Wer sich in die Hochstimmung des Berliners unmittelbar in den Jahren nach Fertigstellung der Stadtbahntrasse hineinversetzen möchte, dem sei die Lektüre des kleinen Büchleins „Quer durch und ringsum Berlin: eine Fahrt auf der Berliner Stadt- und Ringbahn; etwas Geschichte und viel Geschichten" von Emil Dominik aus dem Jahre 1883 empfohlen.
Die Börse, Namensgeber der S-Bahnstation am Hackeschen Markt, wurde wie viele Gebäude des Gebietes zwischen Spree und Torstraße ein Opfer des Krieges. Das prächtige Gebäude war eine Arbeit des Hofbaurats und Präsidenten der Akademie der Künste Georg Friedrich Heinrich Hitzig (1811–1881), einem Urenkel Daniel Itzigs, des Begründers einer berühmten Berliner jüdischen Bankiersfamile. Die Familie änderte mit dem Übertritt zum christlichen Glauben 1808 ihren Namen in Hitzig. Daniel Itzig hatte das von Hofbaumeister Philipp Gerlach 1718 erbaute Palais Montargues in der Burgstraße 25, auf dem Gelände der späteren

Das Börsengebäude an der Burgstraße, 1880. Aufnahme F. A. Schwartz

Börse, erworben und es durch Erweiterungen 1762–65 zum Palais Itzig umbauen lassen. Hofbaurat Hitzig verdiente doppelt am Bau für die Börse: einmal 1856 am Verkauf des Familienbesitzes an den Bauherrn und zum zweiten am großzügigen Bauauftrag, der mit dem Abbruch im Jahre 1858 und der Einweihung des Gebäudes 1863 endete.
Nach dem Bau der Viadukte der Stadtbahn war die Bewunderung der Berliner für das Bauwerk groß. Die „Nationalzeitung" schrieb am 8. November 1882: „Ein gewaltiges Bauwerk hat sich vor uns erhoben. Seit den Mauern Babylons und dem Bau der römischen Wasserleitungen sind vielleicht nicht wieder so viel Ziegelsteine aneinandergefügt worden wie hier geschehen."
Städtebaulich ergab sich aber nunmehr eine neue Situation: nach mehr als 150 Jahren des Verschwindens der Barriere der Festungswälle und des freien Austauschs zwischen dem Stadtkern Berlins und der Spandauer Vorstadt, der sich über die beiden Brücken am Hackeschen Markt vollzog, entstand nun ein neuer, sechs Meter hoher Wall, der zumindest visuell das Zentrum von der Vorstadt abtrennte. Praktisch aber war der S-Bahn-Wall keine Barriere. Die Spandauer Vorstadt drängte in drei Richtungen stadtauswärts: vom Oranienburger Tor nach Osten, vom Alexanderplatz nach Westen und vom Hackeschen Markt nach Norden.
Mit dem Bau der Viadukte der Stadtbahn stand auch sofort die Vermarktung der Bögen zur Debatte. Von den ursprünglich 731 Viaduktbögen waren 597 benutzbar. Im Jahre 1882 waren erst 58 Bögen, aber 1887 bereits 247 und 1895 schon 373 vermietet. Die Nutzung der Bögen ist von der gewerblichen Umgebung abhängig; an den Bahnhöfen und Haltestellen lassen sich vor allem Gastronomen und Händler nieder, die von der Laufkundschaft leben; an Straßenüberführungen gibt es Pferdeställe, später Garagen und Kfz.-Betriebe, aber auch Wärmehallen, Tierheime, Kulissenunterstände, Bildhauerwerkstätten, Kohlehandlungen.
Die Viaduktbögen stellten den größten zusammenhängenden Berliner Baukörper dar, der mit seinem Handels-, Gewerbe- und Geschäftsleben zur umfangreichsten Ladenkette der Welt gehörte und durch die Kontinuität der Benut-

Zerstörte Straßenbahn 1945

zung ein wichtiges Stück Berliner Urbanität und einmaliges Kapitel der Versorgung darstellte.
Unmittelbar am Hackeschen Markt findet sich historisch am Haus Neue Promenade 9/10 ein Restaurationslokal für Herrn Ernst Karsch, wohnhaft Kleine Präsidentenstraße 1, und in den Stadtbahnbögen 141–147 (Ecke Spandauer Brücke) schon 1889 ein Restaurant der Salvator-Brauerei, das 1893 durch die Berliner Bockbier Brauerei übernommen wurde. Die Tradition der Nutzung der S-Bahn-Bögen durch gastronomische Unternehmen oder Handelsketten ist nach dem Zweiten Weltkrieg nur sporadisch weitergeführt worden, da Eigeninitiative und originelle, für das Publikum

Lada und alte Straßenbahn; der Verkehrsknotenpunkt Hackescher Markt in den siebziger Jahren

attraktive Ideen im planwirtschaftlichen System der DDR kaum umzusetzen waren. Erst nach der Wende gab es hier einzelne Beispiele vielfältiger Kneipenkultur: so der Kilkenny Irish Pub oder das Geschonnek, die jetzt dort stehen, wo früher einmal die Herkulesbrücke den Festungsgraben überspannte.

Die Straßenbahn

Der Hackesche Markt war mit der Schaffung eines Systems des öffentlichen Nahverkehrs in Berlin ein Knoten- und Schnittpunkt der verschiedenen Betriebsarten. Vorläufer der heutigen Straßenbahn war der Pferdeomnibus. Im Jahre 1846 wurde die Betriebsgenehmigung für die erste Linie erteilt, sie fuhr am 1. Januar 1847 vom Alexanderplatz zur Tiergartenstraße; am 25. Juni 1868 wurde die Allgemeine Berliner Omnibus AG (ABOAG) gegründet, die bis in die zwanziger Jahre noch solche Pferdeomnibusse betrieb, wenn auch nur noch im Nachtverkehr; am Morgen des 25. August 1923 fuhr der letzte Wagen. 1871 war die Große Berliner Pferde-Eisenbahn AG gegründet worden. Zunächst waren 6 Linien geplant; 1873 wurde die erste Linie ‚Rosenthaler Thor-Gesundbrunnen" eröffnet, am 18. August 1880 wurde mit der Stadt Berlin ein Vertrag über fünf weitere neue Strecken abgeschlossen, u.a. „Monbijouplatz-Rathaus-Köpenicker Straße" und „Rosenthaler Tor-Hackescher Markt", die 1881/82 gebaut wurden.
Die Große Berliner Pferde-Eisenbahn AG stellte nach der Gewerbeausstellung 1896 in Treptow in den folgenden Jahren vom Pferdebetrieb auf Strombetrieb um. Die Elektrifizierung im Bereich Hackescher Markt erfolgt noch vor 1900. Die Linien werden seit 1902 durch Zahlen gekennzeichnet. Das Gebiet um den Hackeschen Markt ist über die letzten 100 Jahre für verschiedene Linien Endstation gewesen: so gekennzeichnet als Station Burgstraße (zwischen 1904 und 1944), als Station Spandauer Brücke (zwischen 1903 und 1945), als Station Große Präsidentenstraße (um 1934).
Die Berliner Straßenbahn hat Literaten zu widersprüchlichen Äußerungen veranlaßt. Der Ruhm des neuen Verkehrsmittels wurde gesungen, aber auch kritische Töne waren zu hören – so Joseph Roth: „Es scheint mir, daß die Straßenbahnen einen weltstädtischen Verkehr unmöglich machen. Im Zeitalter des Luftverkehrs wirken sie wie Postkutschen. Sie fahren meist in der Mitte des Straßendammes. Sie können an einem Fahrzeug, das zufällig auf die Schienen geraten ist, nicht vorbei. Sie sperren die Aussicht dem Passanten und verhindern, daß er heranfahrende Gefährte auf der gegenüberliegenden Straßenseite rechtzeitig bemerkt. Sie stehen, ohne sich rühren zu können, lange, bange Minuten und bilden eine Mauer mit kleinen Lücken, durch die man sich schon zwängen könnte, wenn man nicht fürchten müßte, von einem gedeckt heranfahrenden Auto getötet zu werden.
Diese Fehler der Straßenbahn liegen so klar auf dem Pflaster, daß sie sogar die Fachleute schon eingesehen haben. Man ist also darauf bedacht, die Schienen abzuschaffen und Autobusse einzuführen. Aber von der Idee bis zu ihrer Verwirklichung ist ein weiter, gleichsam mit der Straßenbahn zurückzulegender Weg."

Von Handel und Wandel

Der Hackesche Markt war immer ein Platz des Handels und der gewerblichen Unternehmung. Seit dem 18. Jahrhundert fanden Wohnräume und Büros in den Obergeschossen ihre Ergänzung durch Läden und Kleinhersteller im Parterre. Wie die Nutzergeschichte der Grundstücke belegte, war schon seit der Zeit Friedrichs II. die Textilbranche am Hackeschen

Johann Carl Wilhelm Rosenberg, Apfelverkäuferin am Hackeschen Markt, 1785. Im Hintergrund die Zwirnmühle

Herrenkonfektion am Hackeschen Markt, Anzeige 1889

Markt zu Hause. Daran änderte auch die spätere Konzentration der Konfektionsindustrie am Hausvogteiplatz nicht viel. Am Monbijouplatz ist es die Baumwoll- und Seidenverarbeitung, die in der Manufakturperiode staaliche Förderung erfährt. Friedrich Nicolai hatte die Anfänge der Manchester- und Samtherstellung am Monbijouplatz beschrieben, die wechselnden Eigentumsverhältnisse und die königlichen Subventionen, die auch der Zwirnmühle zugute kamen. Die mit Wasserkraft betriebene Zwirnmühle am Stadtgraben ist auf dem Stich Johann Rosenbergs aus dem Jahre 1785 detailliert dargestellt.

Aus der Feder Nicolais stammt ebenfalls die präzise Schilderung eines Maulbeergartens des Herrn Frisch im Auftrag der Königlichen Akademie der Wissenschaften in der damaligen Heidereutergasse (heute Joachimstraße) aus der ersten Hälfte des 18. Jahrhunderts, der Muster und Ausgangspunkt für die sich rasch entwickelnde Seidenproduktion in Berlin und Preußen war. Von der Bedeutung der einheimischen Seidenherstellung für den Staat zeugt auch die Stiftung einer besonderen Seidenmedaille durch König Friedrich II. im Jahre 1755.

Mit der Entstehung einer Konfektionsindustrie in Berlin zwischen 1836 und 1842, das heißt mit der Herausbildung großer sogenannter „Engros"-Handelsfirmen mit fertiger Kleidung, entstand um den Hausvogteiplatz ein Zentrum vorwiegend der Damenoberbekleidung, das bestimmend für die Mode in Berlin und ganz Deutschland wurde. Die großen Firmen wie Gerson, Hertzog, Manheimer und Levin wie auch das Kaufhaus Israel betrieben den Handel, die Produktion aber erfolgte vorwiegend in Heimarbeit oder in kleinen

Anzeige im Rosenthaler Bezirksanzeiger von 1889

Hackescher Markt 5 mit dem Tuchgeschäft von Hobrecht. Daneben Aschinger, erkenntlich an den im Original weiß-blauen Streifen

Werkstätten in den Wohngebieten des Berliner Nordens und Ostens. Durch den massenhaften Einsatz der Nähmaschine seit den sechziger Jahren des 19. Jahrhunderts war ein Aufschwung der verarbeitenden Industrie auch in der Umgebung des Hackeschen Marktes zu verzeichnen. Schon im Jahre 1871 bestanden in Berlin 60 Engrosgeschäfte für Damenkonfektion, die etwa 600 Zwischenmeister und 6.000 Arbeitskräfte beschäftigten. Für den Absatz der Konfektionsware ist nach dem Krieg 1870/71 auch der stetig wachsende Export bedeutend geworden.

Für die Herrenkonfektion ist die Lage insofern etwas anders, als ihre Bedeutung für Berlin und Deutschland geringer als die der Damenkonfektion war und der Standort ihrer Engroshandlungen sich zwischen dem Neuen und dem Hackeschen Markt befand. Es ist daher verständlich, wenn sich im Rosenthaler Bezirksanzeiger aus dem Jahre 1889 mehr Anzeigen von Händlern und Herstellern von Herrenbekleidung als solchen von Damenkonfektion finden lassen. Die Konfektionsfirmen suchten wie alle Betriebe für ihre eigenen Herstellungshäuser ständig Nachwuchs, daher hatten sich in Berlin-Mitte auch Schulen und Qualifizierungsunternehmen etabliert. So gab es in der näheren Umgebung des Hackeschen Marktes in der Neuen Promenade 3/auch Hackescher Markt 4 die Zuschneideschule Krämer in den zwanziger Jahren und dreißiger Jahren – vielleicht ist dies die Weiterführung des im Rosenthaler Bezirksanzeiger von 1889 werbenden akademischen Zuschneideinstituts Zieschan.

Auch andere mit der Konfektion verbundene Wirtschaftszweige hatten am Hackeschen Markt ihre Unternehmen; so

Schon 1889 gab es Qualifizierungsunternehmen für die Konfektionsindustrie

Textilfabrik Gebr. Majanz, Rosenthaler Straße 39, Aufnahme 1976

ist aus der Nachkriegszeit am Haus Rosenthaler Straße 39 die Werbung an der Putzfassade für die Firma der Gebrüder Majanz in Erinnerung. Auch am Eckgebäude Rosenthaler/Neue Schönhauser Straße, in dem sich die Rote Apotheke befindet, waren bis vor kurzem noch Spuren der Schriftwerbung von Konfektionsbetrieben sichtbar.

Als Verkehrsknotenpunkt war der Hackesche Markt verständlicherweise attraktiv für die Betreiber von Restaurants, billigen Kneipen, Cafés und Konditoreien. Bemerkenswert eine Niederlassung der Kette der Firma Aschinger im Haus Hackescher Markt 5. Im Jahre 1896 wurde die zehnte Bierquelle dort eröffnet, Aschinger hatte auch das Haus dazu gekauft und wenig später wird in Ergänzung eine Konditorei eingerichtet. Kurz zur Geschichte der Firma: die Gebrüder Carl (gest. 1909) und August Aschinger (gest. 1911) kamen in den 90er Jahren aus dem Württembergischen, eröffneten 1892 ihre erste Bierquelle in der Roßstraße 4. Aus den Schnellimbissen und Stehbierhallen wurde das erste Gaststätten-Imperium in Berlin: die seit 1892 betriebenen Bierquellen und Konditoreien, zur Errichtung, zum Erwerb und zum Fortbestand gleichartiger Unternehmen und Hotels sowie zum Erwerb, zur Verwertung und zur Veräußerung von Grundbesitz und Beteiligungen an gleichnamigen Unternehmen wurden 1900 zu „Aschinger's Bierquelle AG" zusammengefaßt.

Nach dem Zweiten Weltkrieg wird im Osten die Firma 1947 sequestriert und unter Treuhandverwaltung gestellt, 1949 enteignet und als „Aschinger's AG – Volkseigener Betrieb" in Ostberlin geführt, dann noch im selben Jahr umbenannt in VEB Berliner Nahrungsmittelwerk „Aktivist". 1968 wurde der VEB „Aktivist" Stammbetrieb im volkseigenen Backwarenkombinat Berlin, daraus entsteht 1990 die „City-Back-GmbH". Im Westen gab es nach dem Krieg Aschinger noch eine Zeitlang am Bahnhof Zoo, das Nachfolgeunternehmen ging 1976 in Konkurs; das Unternehmen am Kurfürstendamm führt zwar den Namen Aschinger, hat aber keine Verbindung zur früheren Firma.

Aschinger war für seine Werbeideen und, wie man heute sagen würde „aggressives Marketing", berühmt. So wurden die ärmeren Kunden damit gelockt, daß derjenige, der ein

Glas Bier trinkt, ein Brötchen umsonst zu essen bekommt. Studenten, verarmte Intellektuelle und Künstler nutzten Aschinger als „Mensa"; ein Studiosus übertrieb es, stellte sich hinter ein halbgeleertes Bierglas, das ein eiliger Gast hatte stehen lassen, und futterte munter drauf los, wurde danach Wiederholungstäter, bis die Sache aufflog: „Hören Sie mal, wenn Sie wieder ein Glas Bier trinken wollen, dann gehen Sie lieber gleich in einen Bäckerladen!"

Bekannt ist auch der legendäre Wettbewerb zwischen zwei Mitgliedern eines Rudervereins: nach drei Stunden hatte der Sieger 37, der Verlierer 29 Schrippen gegessen der Schiedsrichter 23, sein Kompagnon 18.

George Grosz rühmte das Unternehmen in seiner Autobiographie: „Aschinger war eine Wohltat für hungrige Künstler. Man bestellte einen Teller Erbsensuppe, der kostete 30 Pfennig und war kein Teller sondern eine Terrine. Die Hauptsache aber war: man konnte dazu soviel Brot und Brötchen haben, wie man wollte. War der Brotkorb leer, so kam der Kellner von selbst und füllte nach ... Was in unsere Taschen verschwand, wurde nicht beanstandet, man durfte es nur nicht so auffällig machen."

Ivan Goll schildert des Empfinden seines Protagonisten Odemar Müller in „Sodom Berlin": „Oh Freude, oh Blick ins Schlaraffenland! Vor ihm ragte Aschinger empor mit seinen Kapellen aus Würsten, den Mayonnaise-seen, den prallen Schlagsahnewolken. Auch das hier war eine Landschaft Deutschlands. Er hatte sein Vaterland wiedergefunden."

Im Jahre 1930 trugen 23 „Bierquellen", 15 Konditoreien, 8 Restaurants Aschingers Namen, darunter die Gaststätte im Funkturm, das Weinhaus Rheingold am Potsdamer Platz. Die Restaurants des Unternehmens waren am blau-weißen Fensterrahmen erkenntlich.

Die Gewerbe-Geschichte des Hackeschen Marktes war in der ersten Hälfte des 20. Jahrhunderts auch eine Geschichte von Gewerbehöfen - darunter die der größten, der sogenannten Hackeschen Höfe zwischen den Grundstücken Rosenthaler Straße 40/41 und Sophienstraße 6. Das gesamte zusammenhängende Bauwerk entsteht im ersten Jahrzehnt unserers Jahrhunderts. Im Jahre 1906 sind die ersten Gewerberäume und Wohnungen bezugsfertig. Das heißt, die

Hof 1 der Hackeschen Höfe, Aufnahme vor 1989

intakte dreigeschossige Bebauung der Grundstücke Rosenthaler Straße 40/41 und Hackescher Markt 2/3 auf dem bekannten Foto des Platzes von 1903 ist drei Jahre später ersetzt durch den uns heute bekannten Komplex, der Ende 1996 umfassend renoviert die Baugerüste abgeworfen hat. Charakteristisch für den Hofkomplex ist seit seiner Entste-

Kaufhaus Wertheim in der Rosenthaler Straße, rechts die Einmündung der Neuen Schönhauser Straße; im Hintergrund das Kaufhaus an der Gormannstraße

hung die Mischung von Gewerbe und Wohnen Der Standard der Wohnungen ist sehr hoch; er wurde bewußt dem üblichen Mietshaus mit seinen schnellen Verwertungsbedingungen eine neue Wohnqualität entgegengestellt: Zentralheizung, Balkons für viele Wohnungen, Bad und Innentoilette für alle Wohnungen. Dazu die grünen und ruhigen Innenhöfe, heute durch verbreiterte Wege und Auto-Fahrspuren in ihrem Erholungswert eingeschränkt.
Zwischen 1906 und 1910 hat sich die Struktur der Gewerbenutzer voll ausgebildet. Bekannt sind die Ballsäle, die Weinhandlung und das Weinrestaurant im Besitz der Familie Neumann und die Geschäftsräume der Commerz- und Privatbank. Schwerpunkte der ersten Nutzungsperiode sind Betriebe im Kontext der Textilbranche, Pelzwaren, Dienstleistungen.
Nach dem Ersten Weltkrieg zieht ein Kino in die Festsäle der Familie Neumann ein, auch Weinrestaurant und Weinhandlung werden aufgegeben, ab 1927 dominiert die Hinz & Küster-Kaffee AG die Gewerbeentwicklung in den Höfen, 1928 zieht die Firma Emil Köster AG ein und kauft später das gesamte Grundstück.
Ein hoher Anteil der Gewerbetreibenden und der Wohnmieter in den Hackeschen Höfen war jüdischer Herkunft, bis 1941 ist durch den Terror des NS-Regimes dieser Anteil auf ein Minimum reduziert. 1942 ist auch dieses Grundstück „judenrein", wie die gesamte Spandauer Vorstadt.
Für den Normalkunden des Berliner Ostens und Nordens war neben dem Alex der Hackesche Markt und seine Umgebung ein wichtiges Einkaufszentrum außerhalb des Stadtbahn-Viadukts. Daher finden sich auch schon in den frühen Jahren große Warenhäuser in diesem Gebiet. Den Anfang machte hier Georg Wertheim in den achtziger Jahren. Er ist der Sohn des Firmengründers Abraham Wertheim aus Anklam, läßt sich zur Eheschließung mit einer christlichen Gutsbesitzerstochter taufen.
Am 1. Oktober 1885 eröffnete er ein Manufaktur-, Modewaren- und Damen-Konfektionsgeschäft im Haus der Frau Meirowski, Rosenthaler Straße 27, die selbst eine Mantelfabrik führte. Wertheims Geschäft fand sofort Anklang bei der einfachen Kundschaft, nicht jedoch bei der Zielgruppe

Das Kaufhaus in der Rosenthaler/Ecke Gormannstraße

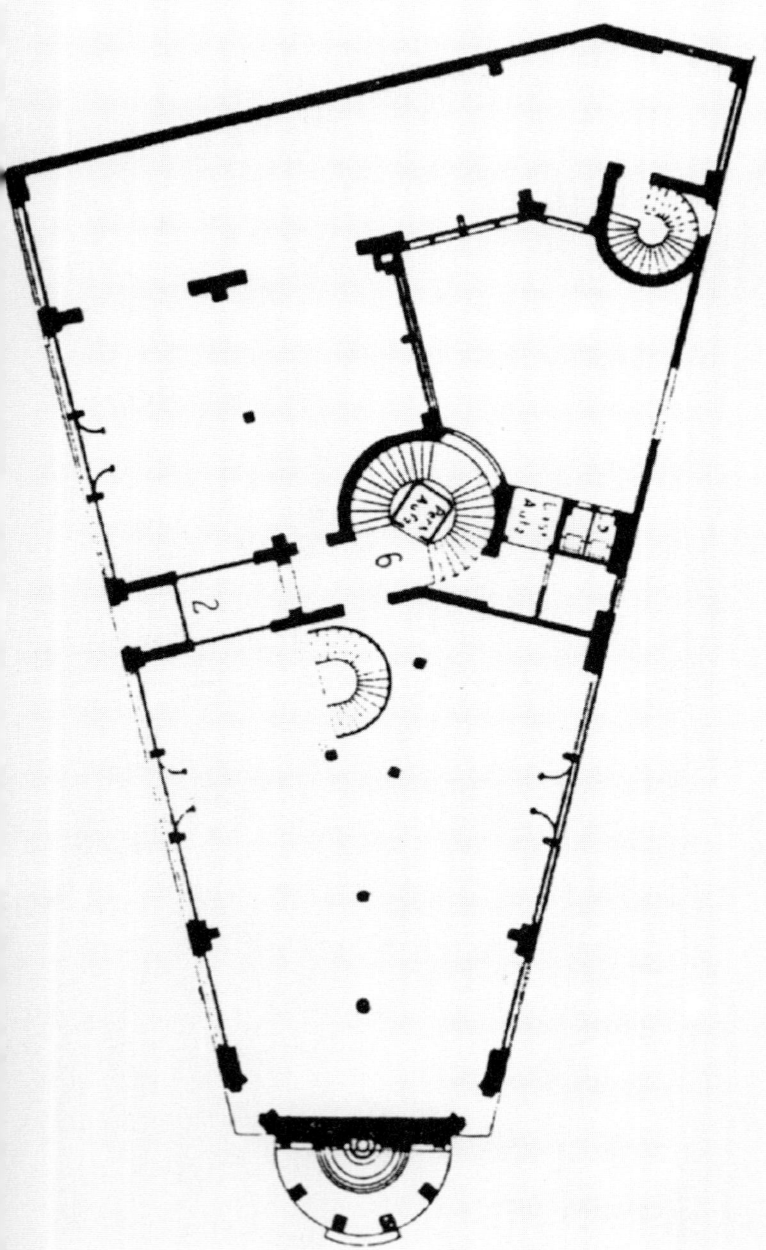

Warenhaus Rosenthaler/Gormannstraße, Grundriß Erdgeschoß

der reichen Bürger. Durch billige Waren und niedrige Preise gewann das Geschäft schnell Attraktivität, konnte sogar in den nächsten Jahren auch Kundschaft aus anderen Stadtteilen anlocken.
Im Jahre 1893 erweitert Wertheim sein Geschäft um einen Laden im Nachbarhaus Rosenthaler Straße 28/29. Zwischen Sophien- und Gipsstraße entsteht somit schon im Jahre 1903 von Mai bis Ende Dezember in achtmonatiger Bauzeit das dritte Warenhaus der Kette der Firma Wertheim in der Rosenthaler Straße 27–31. Den Entwurf liefert wiederum Alfred Messel, der an seine vorher gefundenen Lösungen anknüpft: vom mittig gelegenen Eingang (Drehtür neuer Konstruktion mit fünf Windfangtüren) wird der Kunde zum großen Lichthof (298 qm) geführt, an dessen Ende die breite, repräsentative Haupttreppe in die oberen Stockwerke führt. Unter Mitarbeit von Walther Schilbach entsteht ein viergeschossiger Mauerpfeilerbau, dessen Hauptfront an der Rosenthaler Straße mit Dorlaer Kalkstein (Thüringen), die Nebenfronten mit grauem Wünschelburger Sandstein sowie der Sockel mit grauem Beuchaer Granit verkleidet war, das Dach mit grauen Biberschwänzen gedeckt. Bildhauer war Ernst Westphal.
Der Erweiterungsbau Sophienstraße 15 von 1905/06 ist ebenfalls von Messel entworfen. Das Gebäude war ausgebombt, doch ein Teil nach dem Krieg unter Weglassung historischer Fassadenelemente wiederhergestellt und durch die DEWAG-Werbung zu DDR-Zeiten genutzt.
Alfred Döblin hatte in seinem Roman „Berlin Alexanderplatz" die Hauptfigur Franz Biberkopf an dieses Warenhaus geführt: „Er wanderte die Rosenthaler Straße am Warenhaus Tietz vorbei, nach rechts bog er ein in die schmale Sophienstraße." – Döblin erliegt hier wohl einer Verwechslung mit der Übernahme eines Kaufhauses von Jandorf Brunnen-/Ecke Veteranenstraße durch Tietz im Jahre 1926.
Einige Meter weiter, am spitzwinkligen Dreieck Gormannstraße und Rosenthaler Straße entsteht ebenfalls ein Wa-

renhaus – auf den Grundstücken Rosenthaler Straße 54/55 und Gormannstraße 31.

Noch im Januar des Jahres 1889 eröffnet Vincenz Kranz eine Stehbierhalle auf dem Grundstück. Das Unternehmen floriert und Kranz kann Monate später einen reichhaltigen Frühstückstisch offerieren.

Das Grundstück Rosenthaler Straße 54/Gormannstr. 31 war 1887 in den Händen von drei Eigentümern, darunter eines Herrn Hirschberg. Hirschberg führte eine Manufakturwarenhandlung, im Hause befand sich auch das Herrengarderobegeschäft Salomonsky. Das Grundstück Rosenthaler Straße 55 ist im Jahre 1893 im Besitz des Rentners Wilhelm. Im Jahre 1895 wird das Gebäude abgerissen, 1897 übernimmt die Stadt Berlin das Grundstück und die Bauarbeiten beginnen. Ein Jahr später kauft die Architekturfirma Kayser & v. Großheim das gesamte Grundstück und plant mit der Firma A. Wertheim einen Warenhausbau. Wertheim richtete bis zur Fertigstellung des eigenen Baus in der unteren Rosenthaler Straße seine Konfektionsabteilung in diesem Neubau ein.

Die Architekten Heinrich Joseph Kayser (1842–1917) und Karl von Großheim (1841–1911) gehörten im Wilhelminischen Berlin zu den erfolgreichsten Bauherren Planern und auch schöpferischen Gestaltern von Geschäftsbauten, von großen öffentlichen Gebäuden und privaten Kulturbauten. Kayser begann seine Tätigkeit in Berlin als Zeichner in der Magistratsbauverwaltung, qualifizierte sich an der Bauakademie zum Maurermeister und arbeitete bis 1870 bei dem mehrfach erwähnten August Orth.1872 schloß er sich mit Großheim zusammen, der ebenfalls aus einer Handwerkerfamilie stammte, aber ein abgeschlossenes Studium an der Bauakademie nachweisen konnte. Großheim hatte ebenfalls bei Orth, aber auch bei Hermann von der Hude gearbeitet, einem der ersten geschäftstüchtigen Privatarchitekten der Gründerzeit. Der Nichtakademiker Kayser wurde 1883 Mitglied der Akademie der Künste und 1907 Professor. Großheim erreichte die Mitgliedschaft der Akademie im Jahre 1887 und wurde sogar im Jahre 1910 deren Präsident. Heute noch bestehende Bauwerke beider sind der ehemalige Club von Berlin, Jägerstraße 2/3, die Hochschule der Künste (umgebaut), Geschäftshaus Rosenstraße (zusammen mit Otto March, nur teilweise erhalten) und das Gerichtsgebäude am Lietzensee.

Das Gebäude fiel auf durch einen Tempelvorbau mit Brunnen am spitzen Ende des Grundstücks in Richtung Süden. Der Tempelvorbau ist ein Werk Otto Stahns, der Brunnen stammt von Prof. Cuno von Uechtritz-Steinkirch (im Auftrag

Anzeige des Kranz zur Geschäftseröffnung Januar 1889

Anzeige des Kranz mit erweitertem Angebot Ende 1889

des Magistrats). Cuno von Uechtritz-Steinkirch (1856–1908) hatte auch den damaligen Hubertusbrunnen am Großen Stern entworfen. Der viergeschossige spitzwinklige Mauerwerksbau mit Eisenstützen im Inneren, einer Hydrosandsteinverkleidung und einer weithin sichtbaren Kuppelkonstruktion in Eisen ist auf einer Grundfläche von 570 qm errichtet, die Frontlänge an der Rosenthaler Straße betrug 34 Meter, an der Gormannstraße 38 Meter.

Die Bauzeitschiften der Periode sind voll der Bewunderung: „Da das ganze Gebäude ein einheitliches Warenhaus bildet, das von einer Firma für ihre Konfektionsabteilung auf längere Zeit gemietet worden ist, ist die Haupttreppe, zwischen deren Läufen sich auch der Personenaufzug bewegt, zu einer inneren Treppe geworden, für die noch ein besonderer Ausgang nach dem Hofe hergestellt werden mußte. Der Hof ist nach der Gormannstraße offen und hat dort nur einen Gitterabschluß mit breitem Thorweg erhalten. (...) Im Kellergeschoß befindet sich eine Maschinenstation, die aus zwei Gasmotoren mit Dynamos zur Erzeugung des elektrischen Lichts für die gesamte Beleuchtung des Hauses besteht. Die Wasseranlage hat die Firma Börner & Herzberg hergestellt. Erwärmt wird das Haus durch eine Central-Niederdruck-Dampfheizung, die O. Titel & Wolde geliefert haben. Bemerkenswert auch der Zierguß der Schaufensterkonstruktion, der von dem Fürstlich Stolbergschen Hüttenamt in Ilsenburg am Harz geliefert und montiert worden ist. (...)

Für den an der abgestumpften Ecke vorgelagerten, aus ihr in Form eines halben Kreisbogens hervortretenden, dem Bauwerk keineswegs zur Zierde gereichenden Tempel in römischen Stil, der einen Brunnen mit einer anmutigen, hellgrün patinierten Bronzegruppe von C. von Uechtritz überdeckt, sind die Architekten nicht verantwortlich zu machen. Es ist

Die Gewerbetreibenden der Spandauer Vorstadt („Rosenthaler Viertel") konnten sich seit 1880 ein eigenes Anzeigenblatt leisten

Wird wöchentlich **gratis** im ganzen Bezirk vertheilt.

Rosenthaler

Bezirks-Anzeiger

Wöchentliche Auflage **5250** Gratis-Exemplare.

für die

R..enthaler, Alte und Neue Schönhauser, Große und Kleine Hamburger, Große und Kleine Präsidenten-, Oranienburger, Linien-, August-, Joachim-, Gips-, Sophien-, Kleine Rosenthaler, Weinmeister-, Münz-, Elsasser, Lothringer, Mulack- und Stein-Straße, sowie für den Koppenplatz, Hacke'schen Markt, die Neue Promenade und Spandauer Brücke.

Alleinige Inseraten-Annahme und Expedition: H. Blanke's Buchdruckerei, Kl. Rosenthalerstraße 9.

Inserate, welche bis spätestens **Donnerstag Mittag** aufgegeben werden müssen, werden mit **10 Pfennig** für die kleingespaltene Petit-Zeile berechnet.
Einzelne Nummern à **5 Pfg.** in der Expedition; Abonnementspreis für Nichtbezugsberechtigte oder außerhalb des Bezirks Wohnende vierteljährlich **50 Pfg.** einschließlich freier Zusendung.

Nr. 1. Woche vom 30. Dezember 1888 bis 5. Januar 1889. IX. Jahrgang.

im Auftrag des Magistrats von dem Architekten Fr. Stahn entworfen und ausgeführt worden. (...) Ein leichter gotisierender Baldachin wäre mit Rücksicht auf die Architektur des Hauses mehr am Platz gewesen. Die richtigste Lösung hätte aber wohl in einer freien, offenen Brunnenanlage mit Rückwand, ähnlich einem Chateau d'eau, gelegen." Das Gebäude wird im Jahre 1915 durch die AEG Schnellbahn übernommen; verschiedene Handelseinrichtungen nutzen den Bau – so das Möbelhaus Gottfried und die Wohnungsausstattungsfirma Baron, bis 1909 das Schuhwarenhaus „Berliner Chic" Gustav Salomon & Co., Gerson Bazar Galanteriewaren, bis 1918 Baer Blusenkonfektion. 1925 wird eine Zweigstelle des Arbeitsnachweises der Stadt Berlin eingerichtet. Zwischen 1908 und 1920 wird Kino gespielt, zuerst im Rolgus Bioskop-Theater, dann im Kino Natus.
Im weiteren Umfeld des Hackeschen Marktes befanden sich noch drei andere Warenhäuser von Bedeutung: das sogenannte „Bärenhaus" in der Dircksenstraße 28, das Geschäftshaus Handelsstätte Brandenburg in der Neuen Friedrichstraße 38-40 und der schon erwähnte, ebenfalls von Kayser & Großheim in Zusammenarbeit mit Otto March erbaute Komplex Rosenstraße/Neue Friedrichstraße/Klosterstraße, von dem der Krieg nur noch das Stück in der Rosenstraße hinterließ.
In den alten Adreßbüchern vom Anfang des 19. Jahrhunderts findet man die Bezeichnung „Tabagie", so im Jahre 1801 die von Herrn Müller im Haus Rosenthaler Straße 49, kurz hinter der Einmündung der Neuen Schönhauser Straße, die des Herrn Stubbe in der Großen Hamburger Straße 17 und etwas weiter in der Oranienburger Straße 27 die des Herrn Adermann, aber im Garten. Eine Tabagie war aber keine Tabakhandlung, sondern eine Kneipe, in der geraucht wurde, da Rauchen auf Straßen und Plätzen bis 1848 verboten war. Für den Betreiber aber muß die Tabagie doch einiges abgeworfen haben, denn die genannten Adressen bedeuteten, daß der Tabagist auch Eigentümer des Grundstücks war.
Carl Heinrich Krögen hat in seinem Buch „Freye Bemerkungen über Berlin, Leipzig und Prag" von 1785 auch die Tabagien von Berlin beschrieben. Sein Urteil: „Derer gibt es

Eingang zum Haus Hackescher Markt 2 mit Werbung für verschiedene Firmen, Aufnahme um 1900

hier wohl etwa hundert, und diese sind nichts mehr und nichts weniger als Bordells. Die honettesten sind bei Posen und Simon; bei diesen werden keine Mädchen geduldet, sondern nur Abrede mit ihnen genommen. Die übrigen sind schon gemeiner und werden von Handwerksburschen und liederlichen Mannspersonen besucht. Die Mädchen, die in den meisten wohnen, spinnen, nähen, stricken, singen oder gehen spazieren, solange es nämlich noch Tag ist; bricht die Nacht herein, so gehen sie auf Verdienst aus, und da ist denn die Lindenallee, der Lustgarten, der Schloßplatz und der Tiergarten ihre Hauptpromenade. Ihre Losung ist gewöhnlich: ‚Guten Abend, lieber Junge, so allein?' Folgt nun eine günstige Antwort, so ist der Handel bald geschlossen, und der Preis beläuft sich selten über zwei Groschen preußisch Kurant."

Wo kauften die Raucher damals nun aber ihren Tabak? In der

Hackescher Markt 1903, rechts das Gebäude Hackescher Markt 1, links Rosenthaler Straße 40/41, vor dem Bau der „Hackeschen Höfe"

Kolonialwarenhandlung wahrscheinlich. Davon gab es einige in diesen Jahren um den Hackeschen Markt, so die von E. Heine um 1812 im Haus Hackescher Markt 11, heute das rasenbewachsene Grundstück Nr. 5.
Der Raucher des Jahres 1997 kauft seinen Tabak im Erdgeschoß des gerade erst renovierten Hauses Rosenthaler Straße 40/41, denn in der Gegenwart gibt es eben Tabak, Zigarren und auch Zigaretten in besonderen Läden, die lange nicht mehr Kolonialwarengeschäfte heißen. Wer heute seinen Tabak im beschriebenen Geschäft kauft, sieht durch die Schaufenster den Bauplatz, auf dem bis 1945 das Haus Hackescher Markt 1 mit stadtbekannten Firmenmarken der Tabakbranche stand. Ende des 19. Jahrhunderts waren weniger Zigaretten, sondern Zigarren und Pfeifentabak die gebräuchlichsten Waren im Tabakgeschäft. Die Dominanz des Zigarre- und Pfeife-Rauchens erklärt auch die Unmenge

Grundstücke und Eigentümer am westlichen Ende der Oranienburger Straße im Jahre 1801

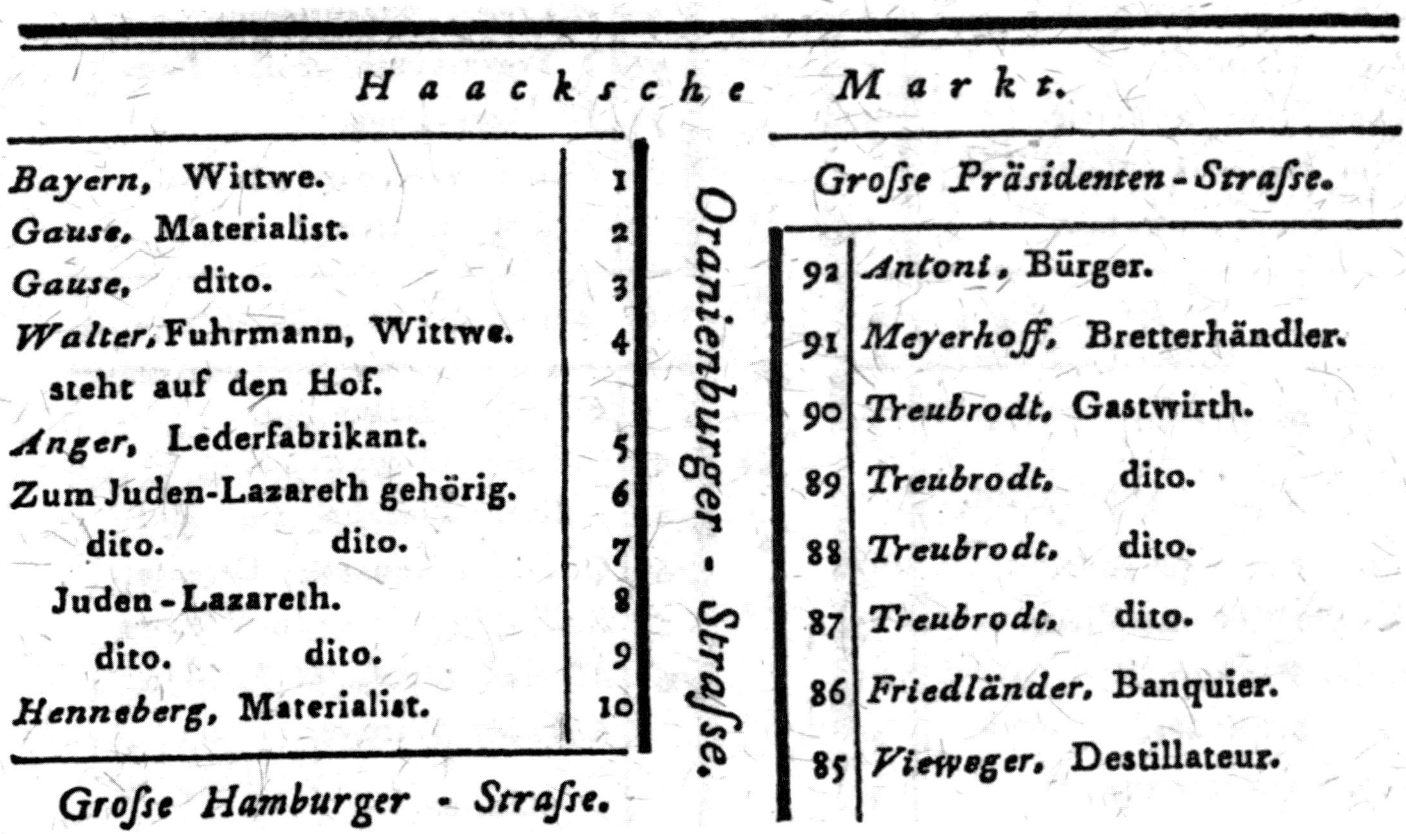

an Tabakhandlungen – im Unterschied zu heute, wo die Zigarette die Zigarre abgelöst hat; im Berliner Straßenbild waren überall solche Handlungen präsent und damit auch immer wieder bestimmte Firmen, wie Loeser & Wolff.
Die Firma war 1865 von Bernhard Loeser (1835–1901) und Carl Wolff gegründet worden. Im Jahre 1866 war sie unter den etwa 600 Berliner Tabakshandlungen in der Alexanderstraße 3 vermerkt, später in der Alexanderstraße 1. Im Jahre 1881 gehört die Firma zu den besten Berliner Zigarren- und Tabaksfabriken, erhält höchste Auszeichnungen auf internationalen Messen und Ausstellungen, darunter die Erste Goldmedaille der Weltausstellung von Melbourne 1881. Die Firma Loeser & Wolff wird vor allem bekannt für den Import echter Havanna, Cuba- und Manila-Cigarren. In den achtziger Jahren, nach dem S-Bahn-Bau, richtet Loeser & Wolff eine Filiale im Haus Hackescher Markt 1 ein, die auf den weitver-

Auch heute gibt es ein „Bandagen-Geschäft" an dieser Ecke

breiteten Fotos von der Nordost-Ecke Hackescher Markt/ Rosenthaler Straße bis zum Jahr 1907 zu sehen ist. 1907 zieht das Geschäft um in das Gebäude Hackescher Markt 5, die bisherige Filiale übernimmt Eduard Palm, dessen Reklame seither an der Ecke prangt, größer als die des Vorgängers. Loeser & Wolff bleibt bis in die dreißiger Jahre in Berlin eine der führenden Tabakketten, erleidet dann das Schicksal aller jüdischen Firmen in der NS-Zeit, Ausplünderung und Vernichtung.

Das Unternehmen Eduard Palm beginnt seinen Siegeszug zur Spitze in der Tabakbranche in den neunziger Jahren des 19. Jahrhunderts. Am Vorabend des Ersten Weltkriegs bestehen in Berlin allein 32 Filialen; die Zahl steigt in der Nachkriegszeit auf 45 im Jahre 1923, auf 75 im Jahre 1929. Ab 1930 gibt es keine Zahlenangaben mehr. Stammhaus ist „Eduard Palm Büro- und Engroslager" SW 68 Lindenstr. 71/ 72. Die Filiale am Verkehrsknotenpunkt Hackescher Markt scheint nach den Bilddokumenten zu den bedeutenderen in Berlin gehört zu haben.

Gehen wir in der Abbildung auf der nächsten Seite des Jahres 1801 von der Tabagie in Haus Nr. 49 in Richtung Neue Schönhauser Straße, sind wir unmittelbar beim historischen Nachweis der Existenz eines weiteren Gewerbedenkmals im Umfeld des Hackeschen Marktes, der Apotheke im Eckgebäude Rosenthaler Straße 47/Neue Schönhauser Straße 10. Damals ist „Apotheker Kober" Besitzer des Hauses; im Adreßbuch von 1812 wird der Name als Kobes ausgewiesen. Die Rote Apotheke selbst führt aber ihre Existenz in Berlin auf das Jahr 1732 zurück. Aus diesem Jahr gibt es das Gesuch eines Dr. Buddeus an den Soldatenkönig, ihm die Erlaubnis zum Betrieb einer Apotheke im neugebauten Haus Kochstraße 22 zu erteilen. Schon nach zwei Wochen war das Privilegium zur „Anlegung einer Medicin-Apoteck mit dem Materialhandel in seinem neu erbauenden Hause auf der Fridrichstadt allhier" erteilt.

Antragsteller Dr. Augustin Buddeus (1695–1753) war Leibmedicus des Königs und Hofrat, Professor der Anatomie und Naturwissenschaften am Collegium medicum chirurgicum und Mitglied der Akademie der Wissenschaften, daher wohl die zügige Bearbeitung des Gesuchs. Das Grundstück in der Kochstraße war ihm vom König im Zuge der Bebauungspolitik der Friedrichstadt zugewiesen worden. Interessant für unseren heutigen liberalen Umgang mit Behörden die Formel des Hofrats am Ende seines Gesuchs: „Für welche hohe Königliche Gnade ich in aller Unterthänigkeit ersterbe, allerdurchlauchtigster großmächtigster König, allergnädigster Herr, Euro Königlichen Majestät allerunterthänigster dazu gehorsamster Knecht Buddeus."

Im Privilegium wird ausdrücklich formuliert, daß auch die „Erben und Ernehmer zu jeder Zeit" in die Erlaubnis einbezogen sind. Die Königliche Erlaubnis ist mit der Verpflichtung verknüpft: „Wobey dann mehr erwähnter Buddeus huldigst Obacht zu tragen hat, dass seine Offizin allezeit mit

Vegetarisches und Flugschriften im Haus der Roten Apotheke1889

Vegetarisches
Speisehaus, Neue Schönhauserstr. 10, 1 Tr.,
Ecke der Rosenthalerstr. (Haus der rothen
Apotheke). Geöffnet von 12 Uhr Mittags
bis 10 Uhr Abends. Willkommen ist
Jeder, also auch Nichtvegetarier!
Flugschriften gratis. Fast tägl. ameri-
kanisch. Hafergrützbrei (nach Dr. Winckler das
kräftigste Nahrungsmittel). Daselbst ist
auch zu haben: Schulz, Veget. Koch-
buch (mit Gesundheitsregeln). Kuhne, Bin
ich gesund oder krank? Dr. Alanus
Die Heilung der Schwindsucht au
diätetischem Wege. [34-43]

tüchtigen und frischen Medicamenten versehen sey, er auch geschickte und geübte provisores halte, und außerdem der neuen Medicinalordnung gemäss gelebet werde." Der Hinweis auf die „provisores", der Stellvertreter und Gehilfen, und auf deren Geschicklichkeit und Geübtheit war angesichts der Vielfalt der Tätigkeiten des Herrn Hofrats und Hochschullehrers besonders wichtig.

Die Witwe Buddeus war nach dem Tode des Professors wahrscheinlich mit der Führung des Unternehmens überfordert; sie verkaufte das Privileg für 300 Taler an den sächsischen „Medicin Apothequer" August Friedemann Thierfelder. Thierfelder legte die 300 Taler bar auf den Tisch und erwarb vom König durch Kabinettsordre vom 8. Oktober 1754 die Genehmigung, die Apotheke aus der Friedrichstadt in das Gebiet vor dem Spandauer Tor zu verlegen. Er kaufte ein Haus für 5.800 Taler, das der Stadtverordnete Johann Friedrich Berg „auf der wüsten Stelle, welche vor dem Spandauer Tore auf der Contreescarpe liegt", gerade erst gebaut hatte und richtete darin, also an der Ecke Rosenthaler Straße und Neue Schönhauser Straße, die Apotheke ein. Die Farbe der Fensterläden gibt dem Haus in diesen Jahren den Namen „Rothe Apotheke". Wir wissen damit, daß im Jahre 1754, im Todesjahr des Stadtkommandanten von Hacke, diese Ecke schon bebaut war.

Warum läßt sich Thierfelder hier am „Rande der Wüste" nieder? Thierfelder hat nicht nur Geld, er hat eben auch ein Gespür für Stadtentwicklung und geschäftliche Perspektiven. Er ist ein Entrepreneur; er erkennt, daß er in der Friedrichstadt mit ihrer vorwiegend ansässigen Hofbeamten- und Offiziersbevölkerung bei vorhandener Hofapotheke am Schloß und einer weiteren Privatapotheke nur zweitrangig bleiben muß – daher der Umzug in die Spandauer Vorstadt. Daher der Umzug in das städtebauliche Entwicklungsgebiet, wo nach dem Fall der Festungsanlagen sich nun ein Bauboom und eine Blüte der Gewerbeentwicklung abzeichnet. Der Geheime Kriegsrat Kircheisen, der die Umzugsgenehmigung zu befürworten hat, sieht das auch so und schreibt in seinem offiziellen Bericht: „Anstatt aber, dass der Thierfelder sich auf der Fridrichstadt etabliren sollen, suppliciret bey Eurer Königl. Majestät derselbe zu Ende des Jahres 1754, dass ihm gestattet werden möge, die, durch das Buddeus'sche Privilegium an sich gebrachte Officin vor dem Spandauer Tore zu etabliren, welches ihm ... allergnädigst nachgelassen wurde, zumahlen in denen gesamten Berlinischen Vorstädten nur eine einzige Apotheke sich befunden, und die

Grundstücke und Eigentümer der unteren Rosenthaler Straße im Jahre 1801

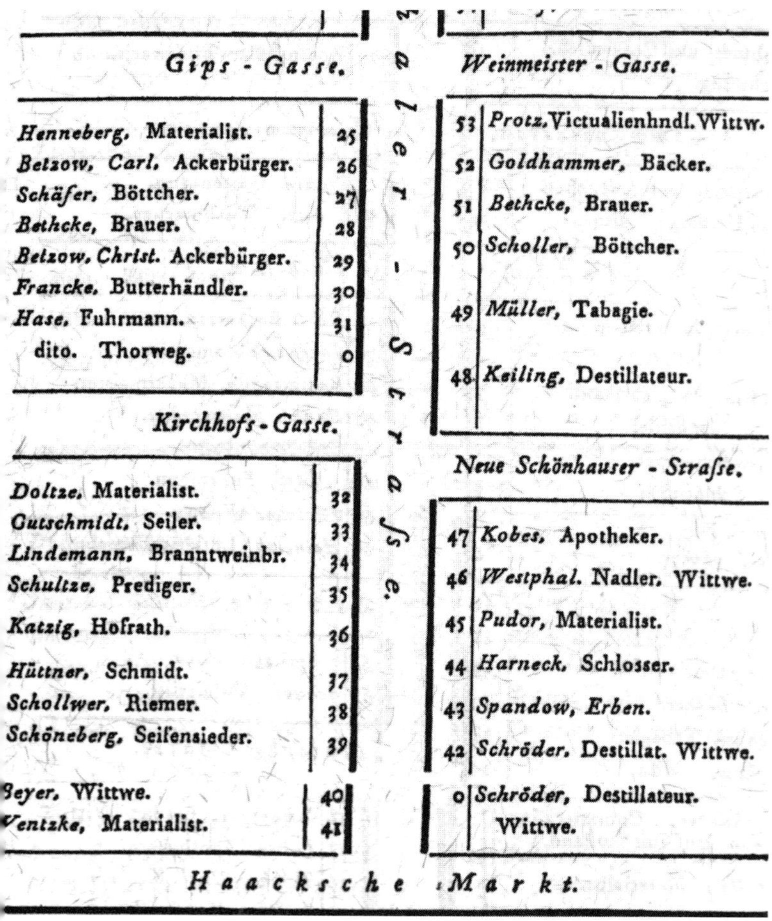
Gips - Gasse.

Henneberg. Materialist.	25
Betzow, Carl. Ackerbürger.	26
Schäfer. Böttcher.	27
Bethcke, Brauer.	28
Betzow, Christ. Ackerbürger.	29
Francke. Butterhändler.	30
Hase. Fuhrmann.	31
dito. Thorweg.	0

Kirchhofs - Gasse.

Doltze. Materialist.	32
Gutschmidt. Seiler.	33
Lindemann. Branntweinbr.	34
Schultze. Prediger.	35
Katzig. Hofrath.	36
Hüttner. Schmidt.	37
Schollwer. Riemer.	38
Schöneberg. Seifensieder.	39
Beyer. Wittwe.	40
Ventzke. Materialist.	41

Weinmeister - Gasse.

53	*Protz.* Victualienhndl. Wittw.
52	*Goldhammer.* Bäcker.
51	*Bethcke,* Brauer.
50	*Scholler.* Böttcher.
49	*Müller,* Tabagie.
48	*Keiling.* Destillateur.

Neue Schönhauser - Straße.

47	*Kobes.* Apotheker.
46	*Westphal.* Nadler. Wittwe.
45	*Pudor,* Materialist.
44	*Harneck.* Schlosser.
43	*Spandow, Erben.*
42	*Schröder.* Destillat. Wittwe.
0	*Schröder,* Destillateur. Wittwe.

...aler - Straße.

Haacksche Markt.

Rosenthaler/Ecke Neue Schönhauser Straße mit dem Haus der Roten Apotheke, Aufnahme um 1870

Rote Apotheke, Aufnahme aus den dreißiger Jahren

Umstämde bey den starken Anbau und Vermehrung der Einwohner erforderten gar füglich noch ein Officin in dieser Gegend anzulegen." Der das schrieb, ist übrigens jener Kriegsrat und Stadtpräsident Kircheisen, nach dem die Große und Kleine Präsidentenstraße ihren Namen erhielten. Da Thierfelder seine Preußen kannte und mögliche Turbulenzen ahnte und ihm das nur gekaufte Privileg doch juristisch nicht recht wasserdicht erschien, suchte er um eine ordentliche Konzession zum Betrieb der Apotheke nach und erhält sie im Jahre 1758. Darin heißt es. „Als concedieren, verstatten und erlauben höchstdieselbe vorbemelden August Friedemann Thierfelder hiermit und Kraft dieses, dass er das von denen Buddeusschen Erben erhandelte Privilegium zu Anlegung einer Medicin-Apotheque und Materialhandlung

Rote Apotheke, Interieur

von der Fridrichstadt vor das Spandower Thor auf sein daselbst erbauetes Haus transferiren könne und möge; gestalt dann auch Seine Königliche Majestät allergnädigst wollen, dass gedachter Thierfelder, dessen Erben und künftige Besitzer sothaner Apotheque bey dieser Concession jederzeit beschützet und in keinem Wege darin turbiret, noch ihnen desshalb künftig die geringste Schwierigkeiten gemacht werden sollen.

Rote Apotheke, Kellergewölbe

Signatum Berlin den 1. Martii 1758. Mit Seiner Königlichen Majestät allergnädigsten Spezialbefehl."
Thierfelder kann sich nur wenige Jahre seines Privilegiums erfreuen; er stirbt schon 1759. Haus und Privilegium gehen 1760 an Carl Jacob Fritze über, und dessen Nachfolger war jener Carl Ludwig Kobes, dessen Sohn Johann Carl Friedrich in den Adreßbüchern ab 1799 als Eigentümer des Hauses und Apotheker auftaucht.

Rote Apotheke, Laboratorium

Die weitere Geschichte: 1820 erwirbt Friedrich Wilhelm Erdmann Römhild aus Kremmen die Apotheke, 1828 geht Grundstück und Geschäft an Johann Jacob Hertz über, einen Verwandten des Berliner Buchhändlers Hertz. Im Jahre 1837 kauft Carl Ludwig Kuhtz aus Woldenberg die Apotheke. Der Preis ist inzwischen auf 66.000 Taler gestiegen. Und jener Kuhtz war ein Liebhaber von Kunst und Reisen, er hatte Lausanne und Rom besucht und war dort mit dem Bildhauer Bertel Thorwaldsen (1770–1844) und seinem Kreis zusammengetroffen.

Aus dem Rosenthaler Bezirksanzeiger von 1889

Zurückgekehrt nach Berlin, wurde Kuhtz als Apothekenbesitzer Mitglied des Stadtparlaments und war im Armenwesen tätig. Seine Nachfolger in der Apotheke waren Dr. Wilhelm Blell (ab 1851) und Carl Arnold Marggraff (ab 1863). Marggraff war wie Kuhtz aktiv in der Stadverwaltung tätig. Er war Stadtverordneter, Stadtrat und ist Ehrenbürger der Stadt Berlin. Seine besonderen kommunalen Leistungen sind die bedeutenden Fortschritte der Stadt zusammen mit Professor Virchow beim Ausbau der Kanalisation und der Anlage der Rieselfelder,

Marggraff war es, der den Neubau des Gebäudes der Apotheke plante und 1886/87 auf den Grundstücken Rosenthaler Straße 46/47 und Neue Schönhauser Straße realisierte. Der Neubau verfügte neben dem großzügigem Offizin über ein Laboratorium und eine Fabrik zur Herstellung von Selterwasser. Die Schriftzüge für die Werbung dieses Nebenprodukts der Apotheke waren bis vor kurzem noch im Hof des Gebäudes sichtbar. Marggraffs Sohn Johannes führte das Geschäft nach Vollendung des Baues weiter, nach dessen Tod im Jahre 1907 war Dr. Wilhelm Wartenberg Eigentümer und Betriebsleiter. Bis in die dreißiger Jahre bleibt das Unternehmen im Besitz der Familie Wartenberg. J. Marggraff und Dr. W. Wartenberg waren Vorsitzende des Berliner Apotheker-Vereins, was nicht nur für die Personen, sondern auch für die herausragende Stellung dieser Apotheke im Berliner Pharmaziegewerbe spricht. Wilhelm Wartenberg war weiterhin Schatzmeister des Deutschen Apotheker-Vereins, Mitglied des Reichsgesundheitsrates und des Preußischen Landesgesundheitsrates.

Noch im Jahre 1932 konnte das Unternehmen in einer Festschrift den 200. Jahrestag der Existenz der Apotheke in Berlin feiern – in einer zukunftsoffenen Sprache. Ein Jahr später jedoch werden durch das NS-Regime dem jüdischen Apother Dr. Wilhelm Wartenberg alle Ämter entzogen, die Apotheke wird boykottiert. Gegen ihn wird eine Hetzkampagne entfacht, 1936 muß er sein Geschäft zwangsverpachten, und 1939 wird schließlich der gesamte Besitz „arisiert." Nutznießer dieser Maßnahmen sind ein Dr. Berger, die UFA-Schauspielerin Liane Haid und deren Ehemann, der Anwalt Somborn. Der Nazi Dr. Richard Berger erwarb die Apotheke zu einem niedrigen, weil staatlich festgelegten Preis; Frau Haid und Herr Somborn konnten das Haus zu ähnlichen Konditionen kaufen.

Das Opfer dieser antijüdischen Erpresserpolitik, Dr. Wartenberg, starb am 27. Januar 1942, kurz vor der geplanten Deportation in ein Vernichtungslager. Seine Frau mußte das Schicksal von Deportation und Ermordung erleiden. Nur Sohn Fritz gelang die Flucht nach England. Der militante Nazi Dr. Berger verteidigte noch Ende April 1945 „seine" Apotheke mit Gewehr und Panzerfaust gegen die Rote Armee, nahm sich nach der Kapitulation dann am 3. Mai 1945 das Leben.

Nach der Wende 1989 bemühten sich Interessenvertreter der unrechtmäßigen Eigentümer um die Wiedereinsetzung in ihre Titel; ihre Versuche blieben aber ohne Erfolg. Die Enkelin von Dr. Wilhelm Wartenberg erhielt durch eine Entscheidung des Berliner Senats als Erbin das Gebäude zurück, so daß nunmehr die Sanierung des Hauses auf einer moralisch gerechten Grundlage erfolgen kann.

Unter dem Begriff Rote Apotheke ist das Geschäft in die Geschichte Berlins und der Spandauer Vorstadt eingegangen – eine der wenigen Beispiele für Einrichtungen im Berliner Zentrum, die den Zweiten Weltkrieg glücklicherweise überlebt haben.

Jüdisches Leben am Hackeschen Markt

Nach Jahrhunderten des Ansiedelns jüdischer Familien in Berlin, der Ausnutzung ihrer geschäftlichen Kontakte und Erfahrungen durch die Brandenburger Kurfürsten und Berliner Patrizier, nach Jahrhunderten auch der „Judenstürme", der Verfolgungen und wiederholten Vertreibungen der Juden siedelten sich in den siebziger Jahren des 17. Jahrhunderts wiederum jüdische Familien an, diesmal auf Weisung des Landesherrn und unter seinem Schutz.

Die alte Synagoge in der Heidereutergasse

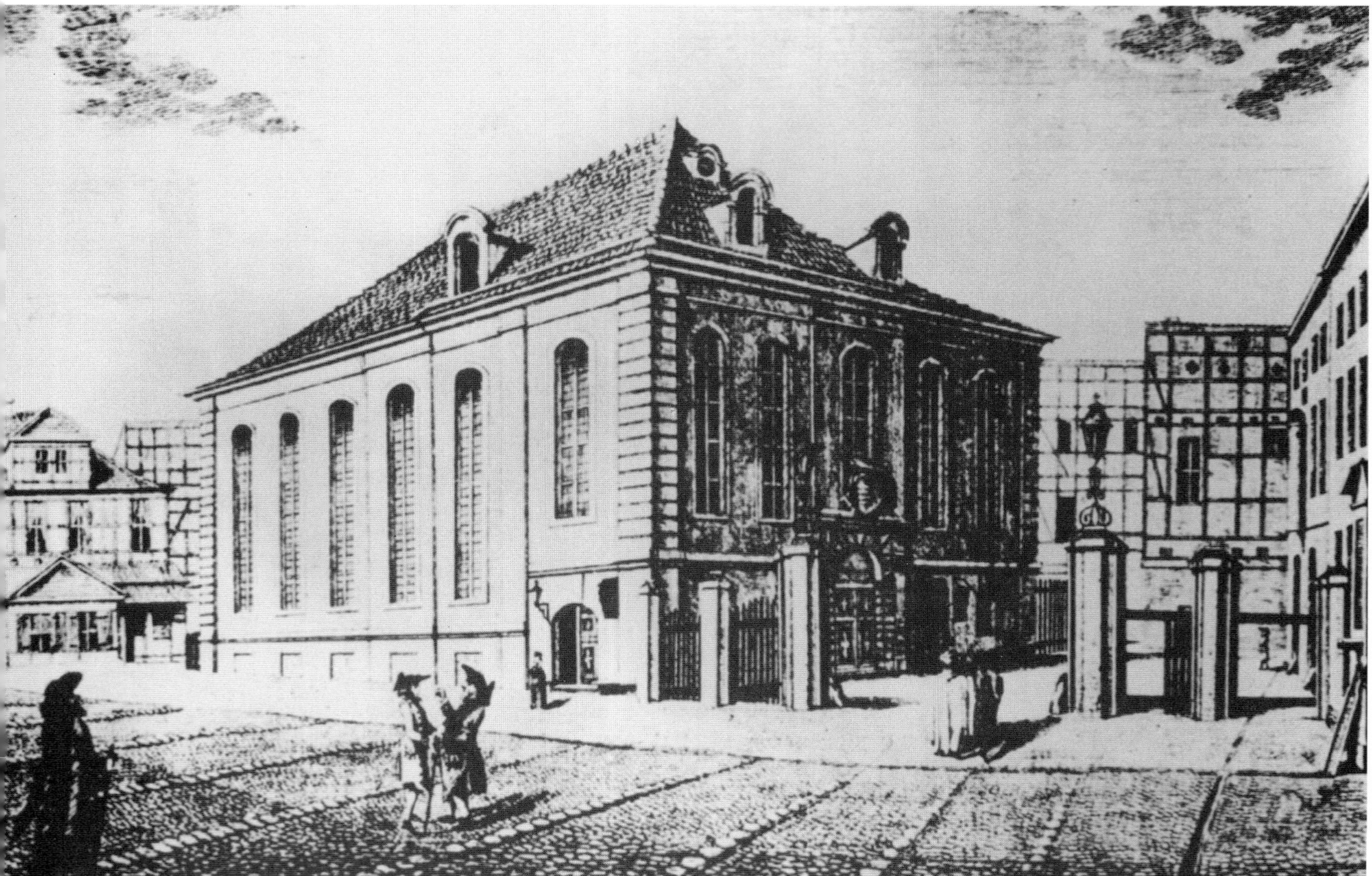

1672 legten die Neusiedler in der Großen Hamburger Straße ihren Friedhof an, mußten sich in den ersten Jahren mit Quartieren unmittelbar an der Stadtmauer begnügen; die Namen Judenhöfe und Jüdenstraße zeugen davon. Reicheren Juden, wie der bei Hofe angesehene Juwelier Jost Liebmann, konnten sich später Wohnungen in der Spandauer Straße leisten und stellten unter Umgehung des fürstlichen Verbots des Synagogenbaus ihre Privatwohnungen für den religiösen Schulunterricht und den Gottesdienst zur Verfügung. Fast vierzig Jahre nach Neugründung der Gemeinde konnte 1714 die erste öffentliche Synagoge in der Nähe der Spandauer Straße, in der Heidereutergasse, eröffnet werden. So bildete sich innerhalb der Festungsanlagen, in der Nähe des Spandauer Tores, ein Zentrum jüdischen Lebens und Gewerbes heraus. Friedrich Nicolai gibt in seinem Buch von 1786 die Zahl der in Berlin lebenden Juden mit 400 bis 500 Familien an, das bedeutete eine geschätzte Gesamtzahl von 2.400 bis 3.000 Männern, Frauen, Kindern und Bediensteten.

Großen Anteil unter den jüdischen Unternehmungen hatten die Bankiers, Goldschmiede und Diamantenschleifer, die Händler mit den gefragten Genußmitteln Kaffee, Tee und Tabak sowie die Buchdrucker. Mit der Wirtschaftsförderung der preußischen Könige im 18. Jahrhundert errangen die jüdischen Unternehmer größere Befugnisse und weitreichendere Betätigungsfelder. Bekannte Namen sind die der

Daniel Itzig, Oberhofbankier

Eduard Gans

Bankiers Isaak Daniel Itzig (1750–1806) und Veitel Heine Ephraim (1703–1775), der Seidenfabrikanten David Friedländer (1750–1834), Isaak Bernhard und Meyer Benjamin Levi und des Leinenfabrikanten Benjamin Veitel Ephraim. Das Kontor der Seidenfabrik Isaak Bernhards war übrigens der Arbeitsplatz des Philosophen Moses Mendelssohn; später hatte Bernhard den Buchhalter Mendelssohn sogar zum Teilhaber der Firma gemacht.

Das jüdische Zentrum hinter dem Spandauer Tor, um die alte Synagoge in der Heidereutergasse und in der Spandauer Straße, begrüßte sicherlich die Erweiterung der Geschäftskontakte und der kulturellen Ausstrahlung über die Grenzen des alten Berlin hinaus nach dem Abtragen der Festungsanlagen um die Mitte des 18. Jahrhunderts. Manche der reichen Juden erwarben Grundstücke, ließen sich Häuser an den neuen Straßen bauen und nutzten die Gelegenheit zu neuen Niederlassungen am Hackeschen Markt und in der weiteren Spandauer Vorstadt.

Aus der Entstehungsgeschichte der selbständigen jüdischen Hochschulbildung und der modernen Forschungstätigkeiten seit Ende des 18. Jahrhunderts geht hervor, daß die Wohnungen gebildeter und reicher Juden in der Nähe des

Abraham Geiger

Ludwig Geiger

Hackeschen Marktes zu Keimzellen von Schuleinrichtungen, Forschungsinstituten und vor allem der späteren „Hochschule für die Wissenschaft des Judentums" wurden. Die territoriale Ausdehnung der jüdischen Schuleinrichtungen und anderer Institutionen der Gemeinde vom Ursprungsgebiet der Spandauer Straße und der Heidereutergasse durch die Rosenstraße und die Straße An der Spandauer Brücke hin zur Oranienburger Straße und zur Großen Hamburger Straße, wo sich schon seit Anbeginn der Friedhof der jüdischen Gemeinde befand, vollzog sich logisch am stärksten und sichtbarsten, als nach dem Abtragen der Festung und dem Bau der S-Bahn-Viadukte freier Raum in Richtung Norden und Nordwesten vorhanden war. 1819 gründeten in der Wohnung von Joel Abraham List (1791– vor 1854) sieben jüdische Intellektuelle um den Juristen Eduard Gans (1797–1839) und den Philologen Leopold Zunz (1794–1886) einen „Verein zur Verbesserung des Zustandes der Juden im deutschen Bundesstaat", der sich bald „Verein für Kultur und Wissenschaft des Judentums" nannte, und im Haus des Bankiers Joseph Veit am Hackeschen Markt tagte. Ziel des Vereins war es, zum einen die christliche Reaktion und zum anderen das Traditionsjudentum zu bekämpfen, Juden au-

Moritz Lazarus

Leopold Zunz

thentisches Wissen über jüdische Geschichte und Religion sowie Allgemeinbildung zu vermitteln, wodurch 1821 vom Verein ein „Institut für die Wissenschaft des Judentums" gegründet wurde; 1822 erschien eine „Zeitschrift für die Wissenschaft des Judentums" Das dreigeschossige Mietshaus An der Spandauer Brücke 8, das dem Kaufmann Knopfe gehörte, spielte später in den sechziger Jahren des 19. Jahrhunderts eine wichtige Rolle. Reformer innerhalb der jüdischen Gemeinde unter Führung von Leopold Zunz, Moritz Lazarus (1824–1903) und Abraham Geiger (1810–1874), dessen Sohn Ludwig im Jahre 1871 die erste „Geschichte der Juden in Berlin" schrieb, gründeten 1870 eine eigene jüdische wissenschaftliche Lehranstalt und begannen 1872 den Unterricht des Sommersemesters im Erdgeschoß des Hauses An der Spandauer Brücke 8 mit zwölf Studenten.

In der Einweihungsrede heißt es bei Prof. Martin Philippson (1846–1916), Historiker und Mitglied des Kuratoriums: „Die neue Hochschule will sich der Universität der deutschen Reichshauptstadt anschließen, der Universität jener edelsten Blüthe des deutschen Geistes. Und wenn auch mit ihr nicht durch ein äußeres Band verbunden, so hat man diese Hochschule doch gerade nach Deutschland und in seine Reichshauptstadt verlegt zum dauernden Daheim, und zu eben solcher Dauer wie diese selbst. – Die Wissenschaft ist autonom. So soll auch diese Hochschule unabhängig sein

Gerson Bleichröder

Dorothea Veit-Schlegel

vom Staate, einem Richter oder einem Leiter. Sie soll unter der Leitung ihres Lehrkörpers und des Curatoriums stehen. Sie kennt keine Parthei und befehdet nur eine Richtung, die unwissenschaftliche, die vorschreiben will, was zu lehren sei. Sie schließt nicht den Irrtum aus, aber die Lüge, die Heuchelei." Die Abschlußprüfung berechtigte die Examinanten, das Amt eines Rabbiners, Predigers und Religionslehrers auszuüben. Später zog die Lehranstalt in gemeindeeigene Räume in der Lindenstraße und konnte 1907 in den Neubau der Artilleriestraße 9, heute Tucholskystraße 14, umziehen. Das Gebäude in der Tucholskystraße hat den Krieg überstanden, nicht aber das an der Spandauer Brücke. Im Zusammenhang mit dem „Verein für Kultur und Wissenschaft des Judentums" ist auch Heinrich Heine (1797–1856) zu nennen, der von April 1821 an in Berlin weilte. Durch den Besuch der Philosophie-Vorlesungen Hegels und anderer Veranstaltungen lernte Heine eine Reihe junger jüdischer Intellekteller kennen, die später für die Reformbewegung des Berliner Judentums bedeutsam wurden. Heine gelangte Anfang des Jahres 1822 in die Nähe des Vereins und wurde im August Mitglied, übernahm dort eine Funktion und im Institut auch ein Lehramt: so wird im Abschlußbericht vom Sommersemester 1822 Heinrich Heine als Dozent für Geschichte genannt. Heine hat in einem Brief an Immanuel Wohlwill vom 1. April 1823 die Reformbestrebungen des Vereins auf den Punkt gebracht: „Möge bald die Verblendung aufhören, daß das Herrlichste in der Ohnmacht, in der Entäußerung aller Kraft, in der einseitigen Negation ... besteht. Wir haben nicht mehr die Kraft, einen Bart zu tragen, zu fasten, zu hassen und aus Hass zu dulden; das ist das Motiv unserer Reformation." Als Heine im Mai 1823 Berlin wieder verläßt, bleibt er in Kontakt zu Freunden in Berlin – dem Orientalisten Ludwig Marcus (1798–1843), dem Bankbeamten Moses Moser (1796–1838) und dem Pädogogen Immanuel Wohlwill (1799–1847).
Eine der Wohnungen in der Gegend des Hackeschen Marktes, in denen sich die intellektuelle Assimilation der Berliner Juden an die moderne Gesellschaft vollzog und von denen ein starker Einfluß auf die kulturelle Entwicklung Deutschlands ausging, war die des Bankiers Simon Veit (gestorben November 1819) im Hause Neue Promenade 10. Veit war seit 1783 der Ehemann der ältesten Tochter des Philosophen Moses Mendelssohn, Brendel (1764–1839), die sich seit 1797 Dorothea nannte. 1798 wandte sich Dorothea dem Dichter Friedrich Schlegel (1772–1829) zu, ließ sich von Veit scheiden, heiratete Schlegel 1804 und trat zum Protestan-

Theaterplakat aus dem Jahre 1901

tismus über, später zum Katholizismus. In der Wohnung Simon Veits hatte sich schon 1780 die „Vorlesegesellschaft" gegründet, ein intellektueller jüdischer Verein, der sich dann im Hause der Veits jeden Donnerstagabend traf.
Der Hackesche Markt war dann auch im 20. Jahrhundert ein Zentrum jüdischer Institutionen, so befand sich 1930 die Geschäftsstelle der „Jüdischen Volkspartei" am Monbijouplatz 10, im selben Hause die Landeszentrale der „Zionistischen Föderation Misrachi". In der Burgstraße 29 war der Sitz des Vorstandes des „Deutschen Landesverbandes der Union der Zionisten-Revisionisten", in der Burgstraße 26 befand sich der Sitz der Ortsgruppe Berlin des „Reichsbundes Jüdischer Frontsoldaten e.V.", in den Hackeschen Höfen, Rosenthaler Str. 40/41 hatte der Jüdische Frauenbund Ortsgruppe Berlin seinen Sitz und in der Neuen Promenade 3 der Jüdische Kreditverein für Handel und Gewerbe e.G.m.b.H., um nur einige zu nennen.
Am Hackeschen Markt stand auch die Wiege eines der größten und politisch bedeutendsten Bankhäuser der Reichshauptstadt – das der Familie Bleichröder. 1803 war es im Hause Rosenthaler Straße 43 gegründet worden durch Samuel Bleichröder, geboren 1779 in Berlin. Dieser erste in der jüdischen Bankiersfamilie hatte hier nur eine Mietwohnung; das Haus gehörte im Jahre 1800 den Spandowschen Erben und 1812 dem Bäcker Schulz. Samuel Bleichröder steht im Adreßbuch von 1812 als Wechselmakler für das Haus Rosenthaler Straße 43, gleichzeitig auch als Lotterieeinnehmer. Aus dem kleinen Geschäft wurde durch die Verbindung mit den Pariser Rothschilds in den zwanziger

Hotel Cassel in der Burgstraße

Hotel König von Portugal in der Burgstraße

Jahren ein Bankhaus und schließlich nach dem Tode Samuels 1855 unter Führung Gerson Bleichröders (1822–1893) eine aufblühende Großbank. Gerson war schon mit 16 Jahren in das väterliche Geschäft eingestiegen und lernte so die internationalen Beziehungen des Bankhauses Bleichröder mit den Rothschildschen Filialen in London, Neapel und Wien in allen Einzelheiten kennen. Besonders die engen Beziehungen zum Kanzler Bismarck nutzte Gerson Bleichröder, 1867 zum Geheimen Kommerzienrat ernannt, in den sechziger Jahren zu lukrativen finanziellen Transaktionen, u.a. im Eisenbahngeschäft. Bismarck wiederum konnte sich auf die französischen Kontakte Bleichröders stützen, als nach dem siegreichen deutsch-französischen Krieg von 1870/71 Detailkenntnisse für die Verhandlungen über die Kriegskontributionen Frankreichs und separat der Finanzkapitale Paris an Deutschland gefragt waren. Lohn des Kaisers für Bleichröders Verdienste war die Erhebung in den erblichen Adelsstand im Jahre 1872.
Jüdisches Leben am Hackeschen Markt – das war auch Theater. Im Umfeld des Platzes gab es um die Wende vom 19. zum 20. Jahrhundert als Spielstätten jüdischer Gruppen das Palast-Theater in der Burgstraße 12, Dräsel's Festsäle in der Neuen Friedrichstraße 35 und die Sophiensäle in der Sophienstraße 17/18. Das Palast-Theater erlebte im Jahre 1901 u.a. die letzten Aufführungen der Operetten Joseph Lateiners „Die böse Frau", „Azaria" und „Dawid Geiger oder Die Macht der Musik" durch die Orientalische Operetten-Gesellschaft (Budapest). Von der Aufführung der Operette „Samson und Delila" durch diese Truppe im Palast-Theater gab es eine Rezension, die anonym im Berliner Lokal-Anzeiger vom 4. Juni 1901 abgedruckt wurde.

Vereinigung Monbijou.
Nächste Sitzung:
Mittwoch, den 10. März cr.
in Cassel's Hôtel, Burgstr. 16., **präcise 9 Uhr.**
Vortrag des Herrn cand. phil. Julius Jaretzky:
„Leben im Ghetto."
Gäste (Herren) willkommen. **Der Vorstand.**

Vereinigung jüdischer Frauen und Mädchen
„Juda's Töchter".
Vorsitzende: Frau Behrend, Frl. Tonn.
Montag, den 8. März 1897, Abends 8½ Uhr präc.:
Sitzung
in Cassels Hotel, Burgstr. 16.
Referat. Geschäftliches. Geselligkeit.
Damen sind als Gäste willkommen. **Der Vorstand.**

Anzeigen für Veranstaltungen in Cassels Hotel im „Berliner Vereinsboten", Nr. 10, 1897

Diese wohlwollende Rezension hebt sich wohltuend ab von der gehässigen und offen feindseligen Haltung, die des Kaisers Gendarmen dem geplanten Auftritt einer jüdischen Theatergruppe im Hotel König von Portugal in der Burgstraße im Sommer 1903 entgegenbrachten. Im Bericht war von „Schweinerei" und „jüdischer Schmierengesellschaft" die Rede, so daß der Hotelier in letzter Minute seine Einwilligung zurückziehen mußte. Das Interesse des Hotels König von Portugal am jüdischen Theater erklärt sich u.a. auch daraus, daß dieses Haus wie auch das Hotel Cassel in der Burgstraße sich Ende des 19. Jahrhunderts in jüdischem Besitz befanden. Cassels Hotel ist auch der Ort, wo Organisationen wie die jüdische „Vereinigung Monbijou" und die „Vereinigung jüdischer Frauen und Mädchen-Juda's Töchter" Vorträge und Sitzungen veranstalten.
Das tragische Kapitel der Vernichtung der Berliner Juden durch die NS-Diktatur hat auch in der Gegend um den Hackeschen Markt seine Spuren hinterlassen. Im jüdischen Altersheim in der Großen Hamburger Straße war das Sammellager für die Transporte in die Vernichtungslager; in der Burgstraße befand sich die GESTAPO-Außenstelle, von der aus Terror und Transporte geleitet wurden. Aber der Hackesche Markt hat auch eines der wenigen Zeichen von Widerstand gegen diese Barbarei gesehen. Im Polizeirevier 16 im Haus Hackescher Markt 1 fanden sich mutige Deutsche wie die Offiziere Willi Steuck, Wilhelm Krützfeld und der Polizist Bellgard, die die moralische Kraft fanden, nicht wegzusehen und Juden vor der Deportation zu warnen.

Leben und leben lassen

Ein Markt hat in der Geschichte stets mit Bretterbuden, Bühnen, mit Geschrei und Lebenslust zu tun. Marktweiber hatten zu schaustellern, Huren brauchten trotz ihrer Abgeschirmtheit Reklame und Tünche, das fahrende Volk weckte Neugier, die ausgelegten Waren kündeten von fremden Ländern. Lustbarkeiten also waren auf dem Platz und in den

Zirkus Busch an der Burgstraße, zeitgenössische Postkarte

Straßen zwischen der Spandauer Brücke, dem Scheunenviertel und dem Schloß Monbijou immer zu Hause. Aus dem fahrenden Volk, den Gauklern und Bärenvorführern wurden Artisten, es entstand der Zelt-Zirkus als Reiseunternehmen. Der Zirkus Busch ließ nach französischem Vorbild den festen Bau im Jahre 1895, dessen Kuppel einer Taucherglocke nachgestaltet war, an der Spree errichten.
Am 24. Oktober konnte der Sohn eines Berliner Weinhändlers, der Kavallerist, Reitlehrer und Kunstreiter Paul Busch (1850–1927) auf dem vom Fiskus gepachteten Grundstück Kleine Präsidentenstraße 7 seinen Berliner Kuppelbau eröffnen, nachdem seit 1884 sein Zirkus in dänischen und norwegischen Städten, in Hamburg und Wien schon große Erfolge gefeiert hatte. Der Bau in Berlin wurde zum Stammhaus des Großunternehmens, der Berliner Konkurrent Franz Renz mußte nach zwei Jahren aufgeben.
Der Bau des Zirkus Busch am Ufer der Spree, ausgeführt durch die Architekten Blumberg & Schreiber, wurde zu einem der Wahrzeichen der S-Bahn-Station Börse. 400.000 Mark hatten die Baukosten betragen, der Zuschauerraum faßte 4.330 Personen und die Stallungen boten Raum für 123 Pferde. Soweit die Fakten.
Nachdem Renz aus dem Felde geschlagen war, trat 1899 ein neuer Konkurrent an. Albert Schumann hatte sich im ehemaligen Markthallenbau des Franz Renz zwischen Karlstraße und Schiffbauerdamm mit seinem Unternehmen etabliert, konnte sich jedoch nur bis 1918 behaupten, nachdem er 1904 auch die gesamte Zirkusausstattung von Renz gekauft hatte.
Die beiden großen Zirkusunternehmen der Reichshauptstadt hatten ein ähnliches Profil: Pferde, Manegeinszenierungen, Wasserspiele und -pantomimen; aber Busch war die Nummer eins gerade bei den großen hippologischen Schaupielen und den Wasservorführungen, beim Einsatz historischer Kostüme und Dekorationen.
Die spannungsgeladene politische Atmosphäre vor dem Ersten Weltkrieg, höhere Steuern und der neue Publikumsmagnet Kino bewegten den ahnungsvollen Paul Busch schon im Frühjahr 1914 trotz der Riesenerfolge seines Unternehmens, das Haus zeitweilig zu schließen, seinen Bau zu vermieten und sich mit acht Millionen Mark zur Ruhe zu setzen.
Aber schon Ende 1916 entschied sich Direktor Busch, nun in Zusammenarbeit mit Tochter Paula (1886–1973), zur Wiedereröffnung. Das Haus wurde renoviert und das Programm

Kunstreiter und Zirkusdirektor Paul Busch

Paula Busch als Lady Hamilton

den Kriegs- und Nachkriegsbedingungen angepaßt. Nach dem Tod des Vaters 1927 war Paula Busch alleinige Direktorin. Sie, die ehemalige Literaturstudentin und Autorin von Romanen und Bühnenstücken, hat der traditionellen Zirkuskunst die Kreativität des dramatischen Theaters hinzugefügt, hat dem gesprochenen Wort seinen Platz in der Manege eingeräumt. Aus Pantomimen wurden Schauspiele. Paula Busch führte selbst Regie und übernahm die Hauptrollen in den großen Inszenierungen. In den zwanziger Jahren bietet Zirkus Busch Nachmittagsvorstellungen für Kinder an, ein besonderes Anliegen der Direktorin.
Was Paula Busch im volkstümlichen Zirkus nach dem Ersten Weltkrieg schuf, war auch eine Wiederbelebung der Akrobatik und der Clownerie, die Grenzen zum Varieté wurden fließend. Obwohl gerade in der Zeit, in der Zirkus Busch an der Spree seine feste Spielstätte erbaute, die Artistik in die Berliner Spezialitätentheater und Varietés abwanderte, sind aber doch in die großen Inszenierungen Paula Buschs Jongleure, Trapezkünstler, Clowns von Weltruf eingebaut. Die Namen sprechen für sich: Harry Houdini, Siegmund Breitbart, die Tänzerin Maria Rasputin, die Wallendas, die Albertis, die Clowns Fratellini u.s.w. Es ist also eine sehr lebendige Tradition, an die die heutigen Unternehmen in den Hackeschen Höfen und im Umfeld anknüpfen.
Mit der Übernahme der Macht durch die Nationalsozialisten ging in Berlin die Ära Busch zu Ende. Der in Berlin allmächtige „Reichskommissar" Julius Lippert verordnete die Schließung des Hauses am Hackeschen Markt. Über die Hintergründe dieses Willküraktes gibt es bis heute keine Klarheit.Am Heiligen Abend 1934 war das Ende gekommen. Enteignung und Abriß waren für die Nazis beschlossene Sache. Erst 1937 zur 700-Jahr-Feier der Stadt wurde der Kuppelbau an der Burgstraße abgetragen. Das war das Ende dieser Art von Vergnügen schon vor den Bomben des Krieges; was blieb, war das Übliche in den Wohnbezirken des Ostens und Nordens.
Bier und Schnaps gab es zur Genüge - in den Höfen, in den kleinen und größeren Kneipen und Restaurants. Kein Reiseführer der Stadt Berlin, der sie nicht beschrieben hat, diese Treffpunkte der kleinen Leute rings um den Hackeschen

Markt. Sie waren nicht vergleichbar mit den berühmten Cafés und Ballsälen des Westens oder der Friedrichstadt; aber sie waren fester Bestandteil im Programm der Berlin-Besucher aller Zeiten. Die Bierpreise waren erschwinglich und die Mädchen nicht schlechter, darüberhinaus waren die Wege kürzer.

Und da waren seit den neunziger Jahren des letzten Jahrhunderts die vielen Kinos. Unmittelbar am Platz, im Haus Hackescher Markt 2-3, gab es seit 1911 das „BIO", 1912 als „City-Theater" bekannt, mehrfach umbenannt und 1945 im Bombenhagel zerstört. Innerhalb der Hackeschen Höfe wird seit 1920 Kino betrieben – der „Filmpalast Börse" im unteren der Neumannschen Festsäle war eines der größten und schönsten Lichtspieltheater Berlins; 1936 hatte es 592 Plätze, hieß „Imperial" bis 1961, wurde dann geschlossen und als Probebühne für das DDR-Fernsehen genutzt. Im April 1996 wurde das Kino im ersten der Hackeschen Höfe wiedereröffnet.

Gebäudekomplex Rosenthaler Straße 40/41 mit dem Eingang zum Kino „Imperial", Aufnahme von 1957

Der Name „Börse“ für ein Kino wurde 1990 aufgegriffen – nun aber im Gebäude Burgstraße 27, zu DDR-Zeiten Sitz des Progress Film Verleih. Einen Filmvorführsaal hatte das Gebäude schon seit den sechziger Jahren für interne Zwecke. Anstelle von „Arbeitsvorführungen“ gibt es nun öffentliches Kino, die Betreiber verbanden mit dem Namen „Kino Börse“ den Wunsch, S-Bahnhof und Filmvergnügen unmittelbar am Ausgang zur Museumsinsel und damit zur belebten und reichen Innenstadt, eng zu verknüpfen. Die Entscheidung der S-Bahn-Oberen im Jahre 1992, die Station Marx-Engels-Platz nicht in „Börse“ rückzubenennen, sondern ihr, wegen des im Krieg verlorenen historischen Bezugs zum Gebäude der Börse an der Burgstraße, den neuen Namen „Hackescher Markt“ zu geben, hat Progress Film ein Stück psychologischer Wirkung genommen, aber die alte Ortsbezeichnung „Börse“ so einzig erhalten.
Kino gibt es neuerdings auch im Gebäude Rosenthaler Straße 39. Schon das Café „Cinema“ weist auf Film- und Kinotradition hin: das Gebäude war in der Nachkriegszeit Sitz des Verbandes der Film- und Fernsehschaffenden der DDR. Im Erdgeschoß befand sich die Betriebskantine des Verbandes, am 3. Oktober 1990 in ein öffentliches Café verwandelt. Die Seiten- und Hintergebäude waren Büro-, Produktions- und Vorführräume der Filmemacher, nun also genutzt durch das Kino „Central“ mit zwei Sälen.
Die Tradition des Kinos rings um den Hackeschen Markt läßt sich auch in der Neuen Schönhauser, der Rosenthaler und der Münzstraße heute noch von den grauen Fassaden ablesen. Bekannte Standorte waren Neue Schönhauser Straße 13 (das ehemalige Volkskaffeehaus), Münzstraße 16, Ecke Münzstraße/Neue Schönhauser Straße sowie Rosenthaler Straße 54, im zerstörten Kaufhaus Ecke Gormannstraße.
Für die betuchten Nachtschwärmer fand sich jedoch auch am Hackeschen Markt eine gute und sichere Adresse: Neumanns Festsäle in den Hackeschen Höfen. Da ließ man sich mit dem Taxi oder dem eigenen Wagen vorfahren, damit war die Gefahr für Leib und Leben im verruchten Nachtleben auf

Restaurant Rosenthaler Garten,
39. Rosenthaler Straße 39,
empfiehlt außer dem Hause auf Marken:
Patzenhofer Bier 24 Seidel für 3 Mark,
Pfefferberger Bier 24 Seidel für 3 Mark.
Außerdem halte meinen Saal zu Festlichkeiten u. für Vereine bestens empfohlen.
Carl Koch, Restaurateur.

ein Minimum reduziert, man war nicht der Anmache durch die Huren und Strichjungen außerhalb der Höfe ausgesetzt. Doch, es gab auch einen bekannten Ballsaal jenseits der Hackeschen Höfe – in der Rosenthaler Straße 36, kurz vor der Sophienstraße, lockte in den zwanziger und dreißiger Jahren das „Palais des Centrums", Inhaber Franz Richnow, die Tanzwütigen. Erst Hunderte Meter weiter, in der Augustraße, ist das nächste Tanzetablissement, „Clärchens Ballhaus" – das aber ist schon eine andere Welt.

Bleibt von den Vergnügungen, die der Hackesche Markt bietet und früher bot, die Prostitution, über die man reden sollte. Wo beginnen? Vielleicht bei der bekanntesten und möglicherweise reichsten Hure, die im Laufe der Geschichte ihre Wohnung in der Spandauer Vorstadt hatte, bei Katha-

Andreas Schlüter, Allegorie auf die Gräfin Kolbe-Wartenberg – als Venus auf dem Löwen ruhend

rina, der Schifferstochter vom Rhein, die als Mätresse des ersten preußischen Königs zuerst Frau Bidecap, dann Frau Kammerherrin Kolbe, schließlich Frau Reichsgräfin von Wartenberg hieß und bis zu ihrem Rausschmiß 1710 das Schloß Monbijou bewohnte. König Friedrich I. und die anderen Freier der edlen Dame lassen sich gewiß nicht mit den Herren vergleichen, die diesseits und jenseits der Stadtmauer Berlins die Dienste der käuflichen Frauen in Anspruch nahmen – die Leistungen aber sollten ähnlich gewesen sein. Lediglich die sozialen Abstufungen, die Qualitäten des Quartiers und natürlich die Höhe des Salärs variieren. In den letzten zwei Jahrhunderten waren sich immer wieder verändernde Standorte der Freudenhäuser und der Prostitution auf den Straßen vorrangig die Gassen der Königsstadt zwischen Hausvogteiplatz und Friedrichstraße. Die königlichen und städtischen Behörden reagierten unterschiedlich auf die Veränderungen – was blieb war die Besteuerung und die polizeiliche Aufsicht, schon wegen der ärztlichen Kontrollen. Heinrich Zille hat in diesem Jahrhundert die Huren der Spandauer Vorstadt gezeichnet, auch heute noch beeindruckend seine menschliche und sympathische Art der Darstellung.

Während die Oranienburger Straße/Ecke Friedrichstraße schon früher zu den Zentren des gewerblichen Vergnügens gehörte, war der Hackesche Markt im engeren Sinne erst in den letzten Jahren durch die Manager des Autostrichs entdeckt worden. Der Dienst auf der Straße oder im Auto gehört wahrlich nicht zu den annehmlicheren Seiten der Prostitution, war aber nach der Wende die schnellste Reaktion des Gewerbes auf die neuen Möglichkeiten des Ostens – oder besser gesagt der wiedergewonnenen alten Mitte Berlins.

Heinrich Zille, Pauline (Aus dem Band „Hurengespräche")
Pauline über ihren jüngeren Bruder Orje: „Er hatte schon Haare dran und bei's ablausen fand ick Filzlause drin, die waren von die Bergrätin"

Ein Ort der Muße und der Musen

Der Hackesche Markt und seine Umgebung waren eine gute Adresse für Schriftsteller, Advokaten, Wissenschaftler.
Karl Wilhelm Ramler (1725–1798) hatte eine zweifache Beziehung zur Spandauer Vorstadt. Zu Lebzeiten wohnte er im Gebäude Neue Promenade 5, beigesetzt ist er auf dem Kirchhof der evangelischen Sophiengemeinde zwischen Großer Hamburger und Sophienstraße. Ramler war in Kolberg geboren, hatte in Halle und Berlin studiert und war in Berlin durch Vermittlung des Halberstädter Domsekretärs Johann Wilhelm Ludwig Gleim (1719–1803) Hauslehrer geworden. Im Jahre 1748 erhielt er eine Stelle als Professor an der Königlichen Kadettenanstalt und wurde im Jahre 1790 Direktor des Königlichen Nationaltheaters.
Wohnung am Hackeschen Markt und Grab auf dem Sophienkirchhof – das hatte Ramler mit einer Dichterin aus der Zeit Friedrichs II. gemein, der Madame Anna Luise Karschin (1722–1791). Eine weitere Gemeinsamkeit beider war ihre Zugehörigkeitin zum Dichterkreis des „Papa" Gleim und dadurch die Freundschaft und enge geistige Verwandtschaft zu dem Poeten Ewald von Kleist (1715–1759), der als Offizier im Siebenjährigen Krieg in der Schlacht von Kunersdorf fiel. Der Karschin gefiel die Gegend um den Hackeschen Markt, denn sie stammte aus einfachen Verhältnissen. Geboren in einer Meierei zwischen Krossen und Züllichau in Schlesien als Tochter eines Pächters, kam sie nach zwei mißglückten Ehen 1761 durch die Unterstützung eines märkischen Barons nach Berlin. Lessing, Sulzer, Gleim, Ramler und Mendelssohn bemühten sich um die Pflege ihres dichterischen Talents. König Friedrich II. war von ihrem Werk angetan, versprach ihr eine jährliche Unterstützung von 200 Talern, schickte ihr aber nur 2 Taler. Die Karschin sandte das Almosen mit dem Reim zurück:

> „Zwei Thaler giebt kein großer König,
> Denn sie erhöhen nicht mein Glück.
> Nein sie erniedern mich ein wenig,
> Drum send ich sie zurück."

Erst der Nachfolger Friedrichs auf dem Thron, König Friedrich Wilhelm II., veranlaßte im Jahre 1789 eine großzügige Schenkung – es war das Gebäude an der Ecke Zwirngraben und Neue Promenade.
Die Karschin hat das Haus nett beschrieben: drei Stockwerke hoch und sechs Fenster in der Breite. Von dieser Ecke konnten die Karschin und ihre Tochter auf die Herkulesbrücke und über die Spree auf den Lustgarten sehen. Aus

Carl Wilhelm Ramlers Grabplatte auf dem Sophienkirchhof

Hier wird die Karschin entlang gegangen sein: die Herkulesbrücke, links Burgstraße 30, rechts Kleine Präsidentenstraße 6

diesem Haus wurde sie 1791 zum Kirchhof der Sophiengemeinde getragen, wo noch heute ihre schlichte Grabtafel zu sehen ist. Erhalten ist ein Gedicht der Karschin: „An die Königl. Hof-Bauadministration wegen ein paar geschenkter eiserner Spahröfen 1791"

„Wie der Befehl ward ausgerichtet,
Ist Jedermann zur Augenschau,
Der auf der neuen Brücke Bau
Die Sphinx betrachtet, die erdichtet
Von großen Fabeldichtern ward.
Er darf nur rechter Hand sich drehen,
Da wird er mit Verwundrungsart
Das Eckchen meines Hauses sehen –
Das ein recht hochgewachsner Mann,
Wie weiland Potsdams Gardemänner,
Mit seinem Arm umspannen kann.
Indessen lad' ich meine Gönner
Und Gönnerinnen freundlich ein,
Nicht auf sechs Schüsseln, nicht auf Wein:
Nein, meine Wohnung nur zu schauen,
Lad ich sie ein,
Und kann's Euch schwören mit Vertrauen,
Daß ihre Niedlichkeit Sie reizt,
So wahr mit wenig Glut das Eisenöfchen heizt."

Das Thema Haus klingt nochmal an im Gedicht „Schatten Friedrichs":

„Dein Thronfolger wollte mich
Vor des Alters Kummer schützen
Königlich.
Und da baute zum Besitzen
Mir sein Oberbauamt auf
Ein schönes Häuschen, das im Kauf
Wehrt ist – nur fünftausend blanke
Wilhelmsthaler und nicht mehr
Drob quittir ich nun mit Danke
Denn sie tilgen ungefähr
Deine Schuldenmasse"

Bernhard Rode, Huldigung Ewald von Kleists in der Garnisonkirche Berlin (zerstört)

Gustav Freytag

In der Berliner Garnisonkirche, nur wenige Meter von den Wohnungen Ramlers und der Karschin entfernt, hatte Bernhard Rode Wandbilder zur Huldigung für gefallene Offiziere Friedrichs II. geschaffen, darunter auch eines für Ewald von Kleist.

Von den Dichterkollegen der Karschin und Ramlers lebten wenige im Osten. Im 19. Jahrhundert wohnte der durch seine historische Prosa bekannte und besonders in den zwanziger und dreißiger Jahren unseres Jahrhunderts sehr beliebte Gustav Freytag (1816–1895) als Student in der Spandauer Vorstadt. Im Jahre 1836 war der geborene Schlesier Freytag als Burschenschaftler aus politischen Gründen von der Universität Breslau nach Berlin gekommen und wohnte im Wintersemester am Hackeschen Markt. In den „Erinnerungen aus meinem Leben" beschreibt er seine politische Entwicklung und den großen Eindruck, den das großstädtische Leben in Berlin auf den in provinzieller Umgebung aufgewachsenen Studenten der Kunst und Literatur machte. Berlin war ihm fremdartig und unheimlich; in seinen Romanen „Die verlorene Handschrift", „Soll und Haben" und in den Büchern der historischen Reihe „Die Ahnen" ist von diesem Konflikt zwischen gemütlicher, enger, vielleicht für ihn auch lebenswerter Provinz und der modernen Großstadt manches zu spüren. Freytag hat als Journalist gearbeitet und insbesondere in den populärwissenschaftlichen „Bildern aus der deutschen Vergangenheit" die lebendige und reporterhafte Sprache zur Darstellung wichtiger Epochen der deutschen Kulturgeschichte publikumswirksam eingesetzt.

Etwa 50 Jahre nach Freytag und ein Jahr nach Gerhart Hauptmann, der ebenfalls als Student unweit vom Hackeschen Markt in der Kleinen Rosenthaler Straße 10 ein Semester lang gewohnt hatte, bezog Max Halbe (1865–1944) Ende Oktober 1885 seine Studentenbude in der Rosenthaler Straße. Berlin war für den Zwanzigjährigen eine „rauschende und berauschende Stadt", es war eine „Amüsierstadt", etwas Einmaliges für ganz Deutschland, „das verführerische Reiseziel aller Provinzonkel und das abschreckende Beispiel ihrer zu Hause gebliebenen Eheliebsten". Angezogen von den „Lockrufen der gleißenden Sirene" wurden nicht nur die Studenten und Intellektuellen; auch die „Kohlenkönige und Schlotbarone des Westens", das gesamte Bürgertum des Nordens und Mitteldeutschlands schienen sich für Halbe in Berlins Etablissements zu treffen. In dem Buch „Der schmale Weg zum Glück" hatte Max Halbe die Rosenthaler Straße der Jahrhundertwende beschrieben. Wie bei Hauptmann wird sich auch bei Max Halbe das Erlebnis der sozialen Bedingungen des Berliner Ostens in den kritischen Dramen der Jahrhundertwende niedergeschlagen haben. Halbe lebte von 1888 bis 1894 in Berlin.

Zu Beginn des 19. Jahrhunderts, als der Hackesche Markt noch gutbürgerliche und ruhige Wohngegend war, zog es den Philosophen Johann Gottlieb Fichte (1762–1814) im Jahre 1800 in die Neue Promenade, die damalige Commendantenstraße, in das Haus Nr. 9/10 des Kaufmanns Schiebeler. Fichte lebte in diesem Haus bis 1806, also vor seiner Zeit als erster Rektor der Berliner Universität.

In der Nachbarschaft, im Haus Oranienburger Straße 67, hatte sich der Naturforscher Alexander von Humboldt seine Wohnung gesucht – wahrscheinlich auch wegen der Ruhe und des Parks am Schloß Monbijou.

Auch einen der großen Rechtsgelehrten Berlins hat der Hackesche Markt angezogen – Professor Friedrich Karl von Savigny (1779–1861) wohnte von 1810 bis 1814 im Haus Monbijouplatz Nr. 1, das der jüdischen Familie Ephraim gehörte, im Jahre 1800 dem Bankier Veitel Ephraim und 1812 dem Herrn Heymann Ephraim. 1814 zog Savigny an den Pariser Platz, in das Haus Nr. 5. In den Jahren seines Aufenthalts am Monbijouplatz begann er seine wissenschaftliche Karriere an der Berliner Universität und als Mitglied der Königlichen Akademie der Wissenschaften. Seine politische Laufbahn startete er 1816 als geheimer Justizrat, ein Jahr später schon wurde er Mitglied des Staatrats und 1842 geheimer Staatsminister. Die Revolution von 1848 stürzte ihn ins Privatleben. Seinen Ruf als Rechtsgelehrter begründete Savigny aber schon vor seiner Berliner Zeit.

Es gehört zu den paradoxen Erscheinungen der Berliner Geschichte, daß von Savigny und Fichte an einem Platz wohnten, der seit seiner Anlegung jüdische Siedler angezogen hatte und der in der geistigen Bewegung der jüdischen

Friedrich Karl von Savigny

Intellektuellen Berlins eine gewisse Rolle spielte. Das ist deshalb paradox, weil diese beiden Gelehrten zu den Gründern der „Christlich-Deutschen Tischgesellschaft" zählten. Unter Führung des Dichters und Publizisten Ludwig Achim von Arnim (1781–1831) hatte sich diese Gruppierung im Jahre 1810 in Berlin gebildet, um politisch gegen Frankreich, ideologisch gegen die Aufklärung und gesellschaftlich gegen die Juden die Kräfte der patriotisch gesinnten deutschen Intellektuellen zu bündeln. Die Satzung der Gesellschaft legt fest, daß u.a. Franzosen, Juden, Frauen nicht als Mitglieder aufgenommen werden durften. Saul Ascher schreibt im Jahre 1811 über diese Gesellschaft: „Es gehört doch gewiß einige Keckheit dazu, unter den Augen einer Regierung, die Europa das Muster der Toleranz und der Duldung gegeben,

Wohnhaus Fichtes, Ecke Neue Promenade/Kleine Präsidentenstraße, am rechten Bildrand ist der ehemalige Festungsgraben erkennbar

die eben begriffen ist, dem von ihr seit einem Jahrhundert gepflegten Keim der Duldung für alle Religionsparteien die Krone aufzusetzen, ein Institut solcher Art zu organisieren."
Zu den aktiven Mitgliedern der Anfangsphase der Gesellschaft gehörten weiterhin Heinrich von Kleist (1777–1812), Carl von Clausewitz (1780–1831), Clemens Brentano (1778–1842) und Leopold von Ranke (1795–1886). Die Gesellschaft führte insbesondere ihre Auseinandersetzung mit den jüdischen Intellektuellen nach 1815, als wesentliche Bestimmungen des 1812 erlassenen Emanzipationsedikts zurückgenommen wurden. Einer der „Haupterfolge" der Gesellschaft war die Weigerung der preußischen Behörden bis in die vierziger Jahre des 19. Jahrhunderts, jüdischen Gelehrten Lehrämter zu übertragen.
Von noch einem Juristen muß gesprochen werden, der am Hackeschen Markt zu Hause war, Dr. jur. Karl Liebknecht (1871–1919). Der Rechtsanwalt wohnte im Haus An der Spandauer Brücke 8 zwischen 1900 und 1903 zusammen mit Theodor Liebknecht. Ab 1903 war die bisherige Wohnung Kanzlei, seine Wohnung aber liegt in der Kaiser-Wilhelm-Straße, Hausnummer 19, das ist die Ecke zur Münzstraße 12. Im Jahre 1904 teilt er sich mit Theodor, der auch Rechtsanwalt beim Landgericht II ist, eine neue Kanzlei in der Kaiser-Wilhelm-Straße 46, Ecke Heilig-Geist-Straße. Heute heißt dieser Abschnitt der ehemaligen Kaiser-Wilhelm-Straße Karl-Liebknecht-Straße. In die Kanzlei des Hauses An der Spandauer Brücke 8 zieht ein anderer Rechtsanwalt, Dr. Sternberg. Vom Büro in der Kaiser-Wilhelm-Straße wirkt der Anwalt Karl Liebknecht in die Politik, wird 1912 im Wahlkreis Potsdam zum Reichstagsabgeordneten der SPD gewählt, Die weiteren Stationen des Lebenswegs dieses Mannes sind bekannt, bis zu seiner Ermordung im Januar 1919. Dazwischen liegt auch ein Auftritt Ende Oktober 1918, also nach seiner Haftentlassung aus Luckau, in den Sälen des Berliner Handwerkervereins, Sophienstraße 17/18. Dazwischen liegt auch die Gründung der Kommunistischen Partei am Jahreswechsel 1918/19. Nach dem Tode Karl Liebknechts und seiner Mitstreiterin Rosa Luxemburg und nach zwei Jahren des politischen Suchens und Irrens bezieht der Parteivorstand in der Nähe des Hackeschen

Karl Liebknecht

Rosenthaler Straße 38, Café
Monbijou, Aufnahme von 1895

Rosenthaler
Straße 38, Sitz
der KPD
von1921–1925

Marktes für einige Jahre ein festes Quartier, im Hofgebäude des Hauses Rosenthaler Straße 38. Mit Parteigeldern wird über die „Vulkan GmbH" das Gebäude gekauft. Im Vorderhaus richtet die KPD eine Buchhandlung ein, die auf einem Foto zu erkennen ist. Bis zum Jahre 1926 bleibt die Parteiführung mit ihren Büros und der Buchhandlung in diesem Gebäude, dann wird das Haus verkauft und das Gebäude am heutigen Rosa-Luxemburg-Platz bezogen.

Aufnahme aus dem Jahre 1962, Bildungseinrichtung des Bezirkes Mitte im Haus Rosenthaler Straße 38

Ausblick

Aufmerksamen Betrachtern des Geschehens am Hackeschen Markt sind sicherlich die Anfänge der ersten größeren Bauvorhaben nicht entgangen – in den bisherigen Grünanlagen und auf den Parkplätzen an der Ostseite, an der Ecke Neue Promenade, Kleine und Große Präsidentenstraße, auf dem Grundstück Hackescher Markt 2-3 sowie hinter den S.Bahn-Bögen zwischen Burgstraße und der Straße An der Spandauer Brücke. Bauherren und Architekten fast aller genannten Komplexe sind bekannt, die Entwürfe liegen vor und sind der Öffentlichkeit schon vorgestellt. Auf einigen Grundstücken wurde der Baubeginn feierlich vollzogen, so daß 1998/99 schon Wohnungen und Gewerberäume bezogen werden können.

Über die Art der Schließung der Baulücke zwischen Ro-

Modell der Bauvorhaben Rosenthaler Straße 42, Hackescher Markt 1, An der Spandauer Brücke 4-7 und Dircksenstraße 48-51

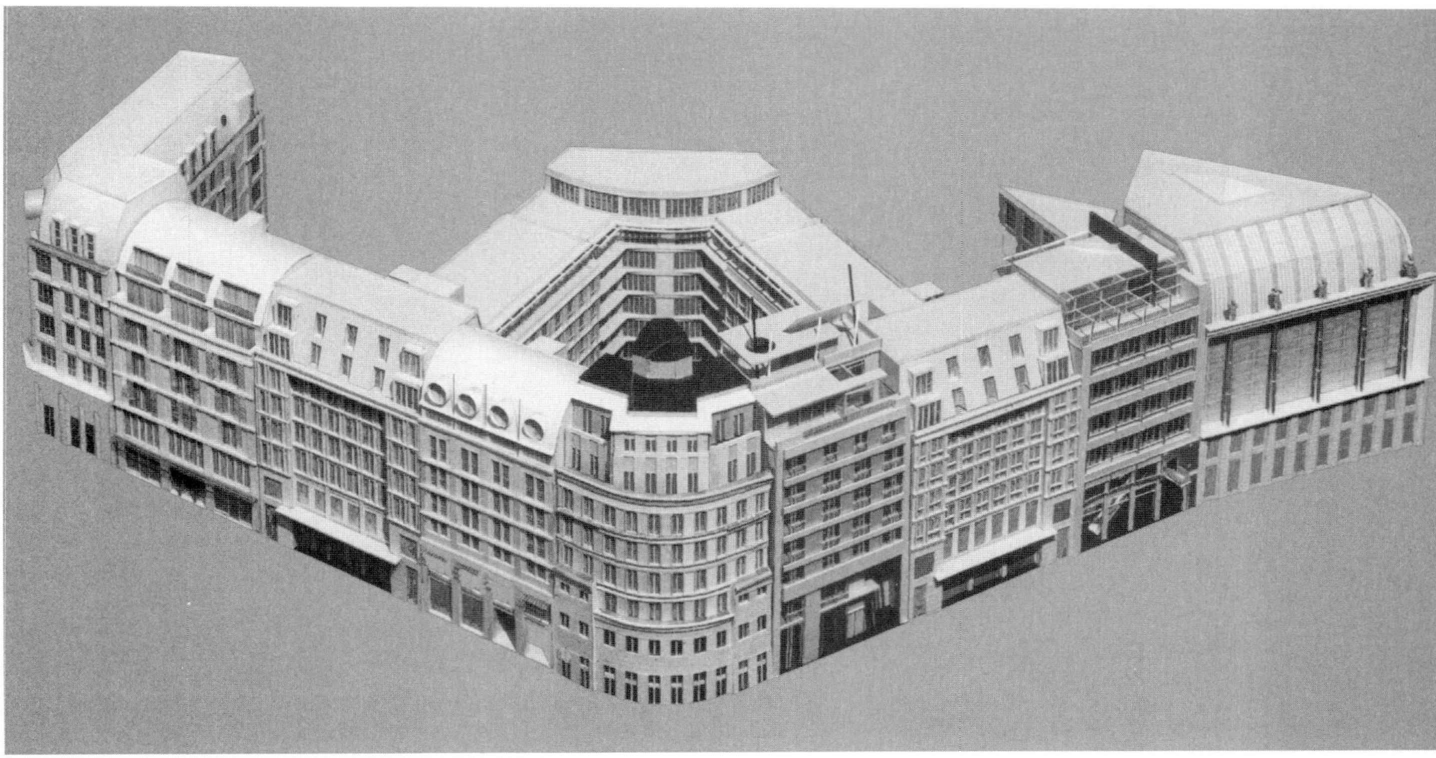

senthaler und Oranienburger Straße jedoch gibt es noch keine Entscheidung des Stadtplanungsamtes Mitte und daher heute – im Winter 1996/97 – noch keine detaillierte Information für die Öffentlichkeit. Allgemeine Vorgaben der Bauplanung aber sind in den Sanierungsfestlegungen der Spandauer Vorstadt von 1993 enthalten. So werden sich die Planungen auch für dieses Doppelgrundstück im zentrumnahen Kerngebiet an die Rahmenbedingungen des Nutzungsverhältnisses von höchstens 80 % Handel und Dienstleistungen und mindestens 20 % Wohnen halten müssen. Die grundsätzlichen Vorschriften zur Traufhöhe, zur Fassadengestaltung, zum Einsatz von Materialien und Farben sowie zur Bebauung der Höfe und der Art ihrer Anbindung an den öffentlichen Straßenraum bieten den Bauherren und Architekten natürlich Beschränkungen, aber doch auch ein Feld für schöpferisches Suchen und Experimentieren.

Auf dem ersten, nordöstlichen Komplex, genannt die „Neuen Hackeschen Höfe", der aus den Grundstücken Rosenthaler Straße 42, Hackescher Markt 1, An der Spandauer Brücke 4–

Grundriß der Bebauung „Neue Hackesche Höfe", links oben Rosenthaler Straße 42, rechts oben Dircksenstraße 48

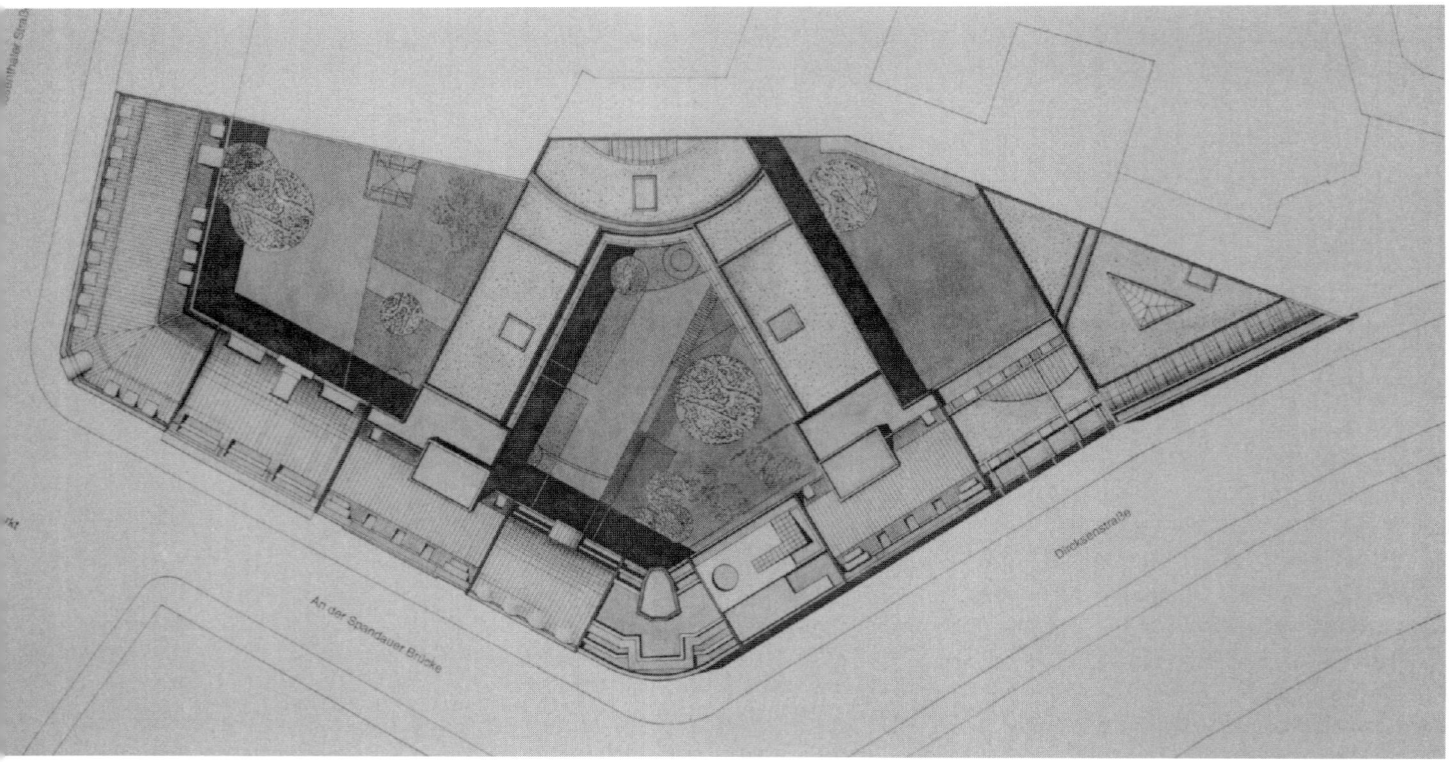

7 und Dircksenstraße 48–51 besteht, sind drei Bauherren tätig: die Wohnungsbaugesellschaft Berlin Mitte, die Hackescher Markt GbR und die Bassmann Bau AG. Das Architekturbüro Götz Bellmann & Walther Böhm erarbeitete den Masterplan und fungiert als Gesamtkoordinator.

Wie Modell und Grundriß zeigen, ist die Errichtung von zwölf Einzelgebäuden in zusammenhängender Fassadengestaltung so gestaltet, daß sich drei Höfe ergeben, die dem Charakter des Platzes entsprechen. Das Nutzungskonzept der Bauherren sieht 50 % Wohnungen, 44 % Büro, Dienstleistungen und Handel sowie 6 % Kultur vor. Von den zwölf Einzelhäusern werden neun straßenseitig sein. Das Konzept der Bauherren und Architekten folgt der Geschichte der Spandauer Vorstadt; es gruppiert sich um die Idee der Höfe, der Idee der Einheit von Wohnen, Gewerbe und Kultur und der Idee der Aufnahme historischer Elemente in die Gestaltungen der Fassaden.

Was zeigen die Details der Planungen: Im Erdgeschoß sind umlaufend Läden, Gastronomie, Kultur und Dienstleistung vorgesehen, damit zu einer entscheidenden Belebung des Gebietes beitragend. Von den Höfen sollen die äußeren, der „Rosenthaler Hof" und der „Dircksenhof", dem Gewerbe, der mittlere, der „Spandauer Hof", dem Wohnen primär zugeordnet sein. Wie die Fassadenrisse zeigen, soll die Traufhöhe der Umgebung angepaßt werden. Berliner Altstadt könnte so in Grundriß und in den äußeren Formen der Bauten ein Stück Wiederauferstehung erleben.

Die Fassadenrisse und das Modell zeigen aber auch die beabsichtigte Spannung von Einzelhaus und Gesamtlösung. Das betrifft eingesetzte Materialien, vorgesehene Farbvarianten und die Unterschiedlichkeit der Formen bei der Fassadengestaltung. Die historischen Fotos der Häuser An der Spandauer Brücke 8 und Neue Promenade 2 belegen, wie um die Wende vom 19. zum 20. Jahrhundert auch Dachfiguren als Schmuckelemente eingesetzt wurden – eine Annäherung an die barocke Herkunft der Baulichkeiten des Hackeschen Marktes.

Wenn sich Bauherren und Architekten der „Neuen Hackeschen Höfe" dieser figuralen Elemente erinnern und sie bewußt in die Fassadengestaltung einbauen, kann das als

Isometrische Ansicht der „Neuen Hackeschen Höfe'

Fassadengestaltung der „Neuen Hackeschen Höfe", Detail

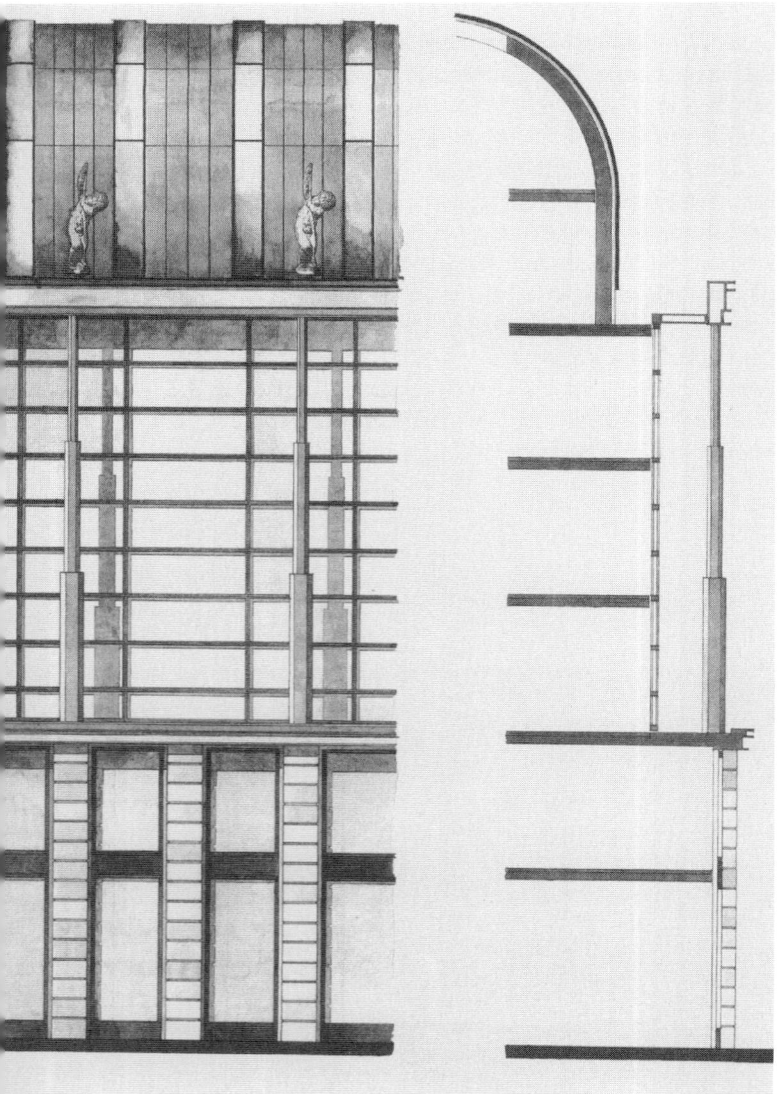

Gegenpol zu den in anderen Gebieten der Stadt sich ausbreitenden Tendenzen der kurzsichtigen Abkehr von Geschichte und Bautradition durchaus wirkungsvoll werden. Auch der Einsatz von Bullaugengaupen, figuraler Stützen und Säulen, von Fluchtbalkonen und einer Turmuhr zum Hackenschen Markt kann zu einer Vielfalt in der Gestaltung beitragen.
Ein wichtiges Anliegen der Bauherren und Architekten der „Neuen Hackeschen Höfe" ist die Weiterführung der Durchwegung der Hackeschen Höfe in Richtung S-Bahnhof Hakkescher Markt und Rosenthaler Brücke. Das Schlendern von der Sophienstraße durch die Hackeschen Höfe zur Rosenthaler Straße, von dort durch die „Neuen Hackeschen Höfe" zum Hackeschen Markt oder zur Dircksenstraße wird in absehbarer Zeit an den Einkaufsstunden oder den Mittagsstunden der Bürotage, aber auch abends auf dem Wege zum Kino, Varieté oder Jazzclub zu einem Erlebnis.
Die künftige Bebauung der Ecksituation Neue Promenade, Kleine und Große Präsidentenstraße unterscheidet sich von der der „Neuen Hackeschen Höfe" dadurch, daß sie den Bestand des Gebäudes Kleine Präsidentenstraße 3 und Große Präsidentenstraße 4 einbeziehen muß. Wie die Isometrien demonstrieren, wird die Höhe durchgängig fünf Geschosse betragen, ergänzt durch ein Dachgeschoß in drei von den vier Neubauten.
Auch in diesem Neubaukomplex wird die Erdgeschoßzone dem Dienstleistungsgewerbe und dem Handel vorbehalten sein, wird es in den oberen Etagen vorrangig Wohnungen geben. Das Gebäude unmittelbar an der S-Bahn, an der Ecke Kleine Präsidentenstraße und Neue Promenade, wird ein Bürohaus mit Ladenzone im Erdgeschoß. Die Finanzierung der Baumaßnahmen erfolgt durch die BIBAG – die Berliner Investitions und Beteiligungs Aktiengesellschaft.
Was die hier abgebildeten Isometrien leider nicht zeigen können, ist die Farbgestaltung - es wird das Ziegelrot der Fassade des instandgesetzten und modernisierten Altbaus an der Ecke Kleine und Große Präsidentenstraße mit dem Weiß des Neubaus an der Ecke Kleine Präsidentenstraße und Neue Promenade und dem Klinkerbau des Bahnhofs Börse in einen spannenden Kontrast treten, der sich in der roten Fassade des Hauses Neue Promenade 7 fortsetzt. Mit

Figuren am Dach des Hauses An der Spandauer Brücke 8, Historische Aufnahme

der Bebauung dieses Eckkomplexes wird nun ein jahrzehntelanger städtebaulicher Mißstand beseitigt – das Fehlen einer sich zum Monbijouplatz und Monbijoupark öffnenden Torsituation, die sich dem historischen Vorbild annähert.

Zwischen der „Roten Apotheke" (Rosenthaler Straße 46/ Neue Schönhauser Straße 10) und dem Gebäudekomplex der „Neuen Hackeschen Höfe", der mit dem Haus Rosenthaler Straße 42 beginnt, baut die Unternehmensgruppe Geitlinger

Isometrische Ansicht der Bebauung Neue Promenade/Kleine Präsidentenstraße

aus Homburg/Saar den Wohnpark „Rosenthaler Straße", ein Wohn- und Geschäftshaus mit Senioreneinrichtung auf dem Grundstück Rosenthaler Straße 43–45.
Ab 1998 werden hier bis zu 260 Senioren in diesem kulturellen Mittelpunkt, in der unmittelbaren Nähe zu den kulturellen Einrichtungen, ihr Domizil finden.
Der Wohnpark wird in allen Teilen bis hin zu den Dachflächen begrünt, einschließlich einem Biotop. Von der Ro-

Isometrische Ansicht der Bebauung Kleine Präsidentenstraße

senthaler Straße aus wird eine Verbindung in den Innenhof geführt. Interessante Lösungen bietet der Innenhof mit einer Art Terassenbebauung und seiner Mehrfarbigkeit.
Wie bei den anderen Neubauprojekten wird im Erdgeschoß Einzelhandel vorwiegend für die Nahversorgung und Gastronomie angesiedelt.
Ab dem ersten Obergeschoß können sich die Senioren in den verschiedensten Wohnformen in das Objekt einmieten. Die Betreuung der Senioren wird von fachkompetenter Seite in allen Bereichen sichergestellt. Der Standort bot sich aufgrund der kulturellen und geschichtlichen Entwicklung für Senioren an. Eine Rolle für die Entscheidung spielten auch die vorhandenen guten Nahverkehrsanbindungen.
Die Gestaltung der Fassaden paßt sich dem Bestand der

Modell der Bebauung des Grundstücks Rosenthaler Straße 43–45

Roten Apotheke und den Planungen der „Neuen Hackeschen Höfe" an – auch hinsichtlich des vorgesehenen Einsatzes moderner Materialien

Auch zwischen Bahnhof Börse und dem Pfarrhaus der ehemaligen Garnisonkirche in der Burgstraße begannen die Vorbereitungsarbeiten für ein Bauprojekt, des „Quartiers an der Museumsinsel" am Hackeschen Markt, gruppiert um das „Monbijou-Haus" am Spreeufer mit Blick zu Dom und Nationalgalerie. Bauherren sind die Versicherungsgesellschaft „Hanseatica" und die „Deutsche Immobilienanlagegesellschaft" für den Bundesverband deutscher Banken. Dieses Gebäude für den Sitz der Spitzenmanager des deutschen Bankgewerbes wird sich in unmittelbarer Nähe der ehemaligen Börse in der Burgstraße befinden.

Das geplante „Quartier an der Museumsinsel" des Bundesverbandes deutscher Banken

Die Eckdaten des Baus sind imposant: ca. 6.000 qm Grundfläche sollen bebaut werden. Die Gründung wird auf 600 Pfählen erfolgen, von denen jeder 130 Tonnen tragen muß. Insgesamt sollen ca. 12.000 t Beton und ca 3.000 t Baustahl eingesetzt werden. Der Neubau wird optisch dominiert durch das „Torhaus", das mit acht Obergeschossen, d.h. 36 Meter Höhe, den Übergang vom Hackeschen Markt zur Innenstadt bildet.

Neben Büros, Cafés, Restaurants, Geschäften und Dienstleistungseinrichtungen werden 50 Wohnungen und 30 Ateliers entstehen. Geplant ist die Wiederherstellung des historischen Pfarrgartens der Garnisonkirche und die Sanierung

Der Hackesche Markt um 1957, Postkarte. Rasenflächen sollten die städtebauliche Leere erträglicher machen

eines denkmalgeschützten, von Neubauten eingeschlossenen, verlassenen Fabrikgebäudes. Entwürfe, Planungen und Baudurchführung liegen in den Händen des Berliner Architekturbüros Steffen Lehmann & Partner.
Soweit die öffentlich bekannten Planungen der Gebäudekomplexe und einzelner Häuser. Was man vermißt, ist eine Gesamtschau, ist ein Konzept für den gesamten Platz, das die Gebäude, die Grundlinien der Verkehrsführung, die Grünflächen, die Gewerbeentwicklung, die Möglichkeiten der Durchwegung und die kulturellen Perspektiven umfaßt. Man fühlt sich zurückversetzt ins Zeitalter der preußischen Könige und deutschen Kaiser, wo bei der Anlage und Änderung der für den Hof und für das Militär bedeutenden Plätze und Straßenzüge zentrale Planungen erarbeitet wurden, wo

Königlich Preußische Reihenbauten in der Oranienburger Straße zur Zeit Friedrich Wilhelm I.

aber die Gestaltung der überwiegenden Zahl der städtischen Lebensräume den Entscheidungen der privaten Bauherren oder lokaler Behördenangestellten überlassen wurde.
Anfang unseres Jahrhunderts äußerte sich der Schriftsteller Karl Scheffler in seinem Buch „Berlin. Ein Stadtschicksal" aus dem Jahre 1910 sehr kritisch über die preußisch-hohenzollerischen, kolonialen Charakterzüge der Berliner Stadtentwicklung. Berlin habe sich unter der Herrschaft der brandenburgischen Kurfürsten und preußischen Könige zu einem Zwitter von Bürger- und Fürstenstadt herausgebildet – insbesondere ablesbar an der ungelösten Verkehrsplanung der Stadt. Scheffler sieht die Geschichte der Stadt Berlin als „eine Geschichte wirtschaftlicher Organisationen und militärischer Eroberungen. Die Kulturgeschichte Preußens" fährt er fort, „ist vor allem eine Soldatengeschichte; die Kulturgeschichte Berlins erzählt von der Entwicklung einer Kolonialstadt zu einer Garnisonstadt. Hier ist der Punkt, der einzige fast, wo man in Berlin Tradition spürt, wo der Geist der Stadt lebendig und ursprünglich spricht."
Das Stadtbild Berlins und daraus abgeleitet die Führung der Verkehrswege sei im Vergleich z.B. mit Paris nicht regelmäßig gewachsen: „Alt-Kölln ist ungefähr dasselbe, was die von der Seine umspülte Citéinsel für Paris ist. Während sich aber von diesem Kern aus die Stadt Paris einheitlich und mit wunderbarer Logik entwickelt hat, so daß der Grundriß dem ersten Blicke schon lebendig wird, zeigte sich das Unorganische in Berlin gleich darin, daß es nicht gleichmäßig von innen nach außen schwellend entstanden ist, sondern stückweise, im fast willkürlichen Nebeneinander von Teilen ... Man erstaunt über den Mangel an klarer Gliederung, wenn man nur einen Blick auf den Stadtplan wirft."
Dieser Stadtplan belege, daß außer der Straße Unter den Linden alle Radialstraßen Berlins „die seltsame Tendenz" zeigen, „wenn sie auch noch so energisch aus dem Lande auf die Hauptstadt zustreben, an der Peripherie der alten Stadt unsicher im Straßengewirr zu verlaufen, bevor sie das Zentrum erreicht haben. Das aber sagt: es gibt im eigentlichen Zentrum Nichts, das zu berühren für die Hauptstraßen wichtig wäre. Nicht einen Straßenzug gibt es, der mit Entschiedenheit die Stadt von Nord nach Süd, von Ost zu West durchschnitte. Es wird Einem daran klar, daß das im leeren Osten als Vorwerk angelegte Berlin von alters her in seiner Umgebung nur wenige Vororte und Nachbarstädte hatte, mit denen die Verbindung gesucht werden mußte.
Der langen geraden Straßen findet man freilich genug in Berlin; verfolgt man sie aber, so zeigt es sich, daß sie eigentlich nur ihrer selbst wegen da sind. Sie berühren gar nicht oder nur wie zufällig den Stadtkern, verbinden Punkte, die zu verknüpfen nicht eigentlich Anlaß vorliegt und verlieren sich charakterlos in den alten Landstraßen. Oder sie enden, nach mächtigem Anlauf, gar in unbedeutenden, dem Hauptverkehr fernliegenden Querstraßen." Und als Konsequenz: „Die Folgen dieser inneren Willkür im Grundrisse sind Kleinlichkeit und Unübersichtlichkeit. Denn da der Stadtorganismus Einem aus dem Plan nicht lebendig entgegentritt, so wird er Einem auch nicht deutlich beim Durchwandern der Straßen. Man fühlt, daß kein Rhythmus in der Stadt ist."
Und für den Hackeschen Markt von heute trifft voll und ganz zu, was Scheffler grundsätzlich über das Berlin der Kaiserzeit schreibt: „Was man in der Reichshauptstadt Platz nennt, das ist einfach eine größere oder kleinere Öffnung, auf die ein halbes Dutzend Straßen münden, und über die der Verkehr kreuz und quer lebensgefährlich dahinbraust".
Schefflers Buch läßt aber Hoffnung selbst im Falle einer konzeptionslosen Lösung für den Hackeschen Markt, denn „... kein Platz ist so schlecht angelegt, kein Flußbild so öde, daß nicht die Wunder des Raumes sich offenbarten."

Ausgewählte Literatur

1732–1932. 200 Jahre Rothe Apotheke in Berlin, Berlin 1932, Privatdruck

Der Alte Berliner Garnisonfriedhof im Spannungsfeld zwischen Scheunenviertel und Monbijou, Berlin 1995

Die Bau- und Kunstdenkmäler von Berlin (Beiheft 2). Hermann Schmitz, Berliner Baumeister vom Ausgang des 18. Jh., Gebr. Mann Verlag Berlin 1980, unveränderter Nachdruck der 2. Auflage von 1925

Manfred Berger, Historische Bahnhofsbauten I, 2. Auflage, Berlin 1986

Berlin. Baumeister und Bauten, Berlin/Leipzig 1987

Berlin und seine Bauten. Warenhäuser Kaufhäuser Läden; Berlin, München

BAW (Berliner Architekturwelt), Siebenter Jahrgang (1905)

BAK (Blätter für Architektur und Kunsthandwerk), Jahrgang XVII, (1904)

Berliner Vereinsbote, III. Jahrgang (1897)

Emil Dominik, Quer durch und ringsum Berlin. Eine Fahrt auf der Berliner Stadt- und Ringbahn, Berlin 1883

Jörg H. Fehrs, Von der Heidereutergasse zum Roseneck, Jüdische Schulen in Berlin 1712–1942, Berlin 1993

Kurt Fervers, Berliner Salons, München 1940

Corinna Fricke/Peter Kirschey, Geile Meile Oranienburger, Berlin 1993

Große Berliner Straßenbahn und ihre Nebenbahnen 1871–1902

Große Berliner Straßenbahn und ihre Nebenbahnen 1902–1911, Reprint

Die Hackeschen Höfe. Geschichte und Geschichten einer Lebenswelt in der Mitte Berlins, Berlin 1993

Curt-Bogislav von Hacke, Entwurf zu einer Geschichte der Grafen von Hacke, Görlitz 1911

Sylvaine Hänsel/Angelika Schmitt (Hrsg.), Kinoarchitektur in Berlin 1895–1995, Berlin 1995

Heinrich Heine, Werke und Briefe, Berlin 1962

Deborah Hertz, Die jüdischen Salons im alten Berlin 1780-1806, München 1995

Friedrich Holtze, Geschichte der Befestigung Berlin, in: Schriften des Vereins für die Geschichte Berlins, 10, 1874

Jüdische Geschichte in Berlin, Essays und Studien, Berlin 1995

Jüdische Geschichte in Berlin, Bilder und Dokumente, Berlin 1995

Juden in Berlin. 1671–1945. Ein Lesebuch, Berlin 1988

Hans-Werner Klünner, Zirkusstadt Berlin, Berlin 1987

Heinz Knobloch, Der beherzte Reviervorsteher, Berlin 1990

Wolfgang Kramer/Heinz Jung, Linienchronik der elektrischen Straßenbahnen in Berlin bis 1945, Arbeitskreis Berliner Nahverkehr e.V. Schriftenreihe Band 3, 1994

Heinrich Kurz, Deutsche Literaturgeschichte, Berlin 1927

Werner Liersch, Dichters Ort, Ein literarischer Reiseführer, Rudolstadt 1985

Friedrich Nicolai, Beschreibung der Königlichen Residenzstadt Berlin und Potsdam, 1779, 1786 und 1816

Joachim Seyppel, Die Mauer oder Das Café am Hackeschen Markt, Wiesbaden und München, 1981

Neander v. Petersheiden, Neue Anschauliche Tabellen von der gesammten Residenz-Stadt Berlin, Berlin 1801

Max Osborn, Berlin. Ein Rundgang in Bildern, Berlin o. J.

Johann Georg Rosenberg, Die Berliner Stiche. Stadtansichten aus der Zeit Friedrichs des Großen, Berlin 1995

Martin Schaaff, Die Buschens. 100 Jahre Circus Busch, Berlin 1984

Scheunenviertel Berlin. Stadtteilführer, Berlin 1993

Alfred Schinz, Berlin. Stadtschicksal und Städtebau, Braunschweig 1964

Die Spandauer Vorstadt. Utopien und Realitäten zwischen Scheunenviertel und Friedrichstraße, Berlin 1995

Peter Sprengel, Scheunenviertel-Theater, Berlin 1995

Eugen Szatmari, Das Buch von Berlin, München 1927

Eduard Vehses Illustrierte Geschichte des preußischen Hofes, des Adels und der Diplomatie vom großen Kurfürsten bis zum Tode Kaiser Wilhelms I., Stuttgart 1901 ff

Verein Stiftung Scheunenviertel (Hrsg.),Das Scheunenviertel. Spuren eines verlorenen Berlins, Berlin 1994

A.F.G. Vilmar, Geschichte der deutschen National-Literatur, Marburg 1862

Karl Voß, Reiseführer für Literaturfreunde, Berlin 1986

Johann Friedrich Walther, Historische Nachricht Wenn und wie die Garnison-Kirche und Schule zuerst gestiftet ..., Berlin 1737

Uwe Westphal, Berliner Konfektion und Mode 1836–1939, Berlin 1992

Zu Dank verpflichtet bin ich folgenden Personen und Institutionen, die Text- und Bildmaterial zur Verfügung stellten: Vera und Dieter Breitenborn, Architektenbüro Bellmann & Böhm, BIBAG – Berliner Investitions und Beteiligungs Aktiengesellschaft, Bezirk Mitte Vermessungsamt, Bildarchiv Preußischer Kulturbesitz, Landesarchiv Berlin, Landesbildstelle Berlin, Landesdenkmalamt Berlin, Stadtarchiv Berlin, Stiftung Archiv der Parteien und Massenorganisationen der DDR im Bundesarchiv, Stiftung Preußischer Kulturbesitz Geheimes Staatsarchiv, Stiftung Preußischer Kulturbesitz Staatsbibliothek, Stiftung Preußischer Kulturbesitz Kupferstichkabinett, Stiftung Stadtmuseum Berlin, Unternehmensgruppe Geitlinger, Matthias Wolski.

Bildnachweis:

Architektenbüro Bellmann & Böhm: 131, 132, 133, 134; M. Berger: 76; Berliner Festspiele Gmbh: 29; BIBAG – Berliner Investitions und Beteiligungs Aktiengesellschaft: 136, 137; Bezirk Mitte Vermessungsamt: 6; Bildarchiv Preußischer Kulturbesitz: 26, 69, 71, 106, 107, 108, 109, 112, 125; Brandenburgisches Landeshauptarchiv: 111; Vera und Dieter Breitenborn: 54, 65, 67, 80, 86, 87, 121; Bundesverband deutscher Banken: 139; Die Buschens. 100 Jahre Circus Busch, Berlin 1984, Hrsg. Martin Schaaf: 115, 116; Fackelträgerverlag: 120; Landesarchiv Berlin: 9, 46, 47, 50, 55, 84, 117, 122, 130, 141; Landesbildstelle Berlin: 51, 53, 60, 62, 68, 75, 88, 126; Landesdenkmalamt Berlin: 21, 28, 61, 73, 123, 128, 135; Stiftung Archiv der Parteien und Massenorganisationen der DDR im Bundesarchiv: 79, 129; Stiftung Preußischer Kulturbesitz Geheimes Staatsarchiv: 24; Stiftung Preußischer Kulturbesitz Staatsbibliothek: 11, 12, 15, 38, 39; Stiftung Preußischer Kulturbesitz Kupferstichkabinett: 66; Stadtarchiv Berlin: 72, 78; Stiftung Stadtmuseum Berlin: 41, 42, 49, 59, 82, 89, 93, 128; Unternehmensgruppe Geitlinger Homburg/Saar: 138; Archiv des Verfassers: 14, 18, 20, 25, 30, 31, 32, 33, 35, 36, 40, 43, 44, 45, 48, 56, 57, 63, 70, 72, 74, 83, 85, 90, 91, 92, 94, 95, 96, 97, 98, 99, 100, 101, 102, 103, 104, 107, 110, 113, 114, 118, 119, 124, 127, 140.